学校の先生がそっと教える

子どもがじっと耳を傾ける魔法のおはなし

向山洋一／監修

師尾喜代子／編

PHP研究所

はじめに

子どもを心豊かなやさしい子に育てたい——ということは、親ならだれでも願うことです。夜、寝ながら本を読んでやることも、無償の愛がある親だからこそできることです。親の姿を見て子は育ち、親の話によって心が磨かれていきます。親が子どもにしてあげる「おはなし」は、とっても、とっても大切なことです。

わたしは、朝日新聞の「子ども作文コンクール」の審査員を十年続けています。全国から寄せられる十万もの作品のなかには、すばらしいものがたくさんあります。とりわけ、子どもが困難に出会ったとき、それを乗り越えたドラマは心を打ちます。

子どもがピンチのとき、それを乗り越える裏には、必ず親の姿があります。親が子に、すばらしい「おはなし」をしてくれているのです。

審査委員長の森山眞弓さん（元文部大臣、現法務大臣）や審査員の見城美枝子さん、紺野美沙子さんたちと、「すてきな親がいるから、子どももすてきなのね」と、何度も話し合ったものです。

親が子にしてあげる「すてきなおはなし」、それは、ありそうでなかなかありません。本書は、すばらしい教育をする先生方に「とっておきのおはなし」を紹介してもらいました。どのおはなしも、すばらしいものです。

寝る前のひととき、落ちついた雰囲気のとき、ゆっくりと読み聞かせて下さい。ひとつひとつのおはなしが、親から子への貴重なプレゼントです。何百万円というお金には代えられない、すてきなすてきな、我が子への贈りものです。

子どもが気に入ったおはなしは、何度でもくり返し読んであげて下さい。

子どもたちのすこやかな成長を願っています。

なお、それぞれのおはなしの対象年齢をおおまかに、小学校の低学年以上向け（★）、中学年以上向け（★★）、高学年以上向け（★★★）に分けて示しましたので、ご参考になさって下さい。

二〇〇三年四月

TOSS代表・千葉大学非常勤講師　向山　洋一

子どもがじっと耳を傾ける魔法のおはなし――目次

第1章

やさしい子どもに育ってほしい

第2章

まっすぐな子どもに育ってほしい

第3章

明るい子どもに育ってほしい

第4章

たくましい子どもに育ってほしい

第5章

賢い子どもに育ってほしい

装　丁——上田晃郷
装　画——谷口周郎
本文イラスト—市川興一
本文デザイン—編集社

第1章

やさしい

子どもに育ってほしい

第1話

ピョンタの冒険

威張った言い方をしたときは……

★

ある小さな井戸のなかに、カエルが十匹住んでいました。

そのなかの一匹は、とても強くて、いつも威張っていました。

「みんな、おいらの言うことを聞け！　どうだ、こんな大きな物を持ち上げることができるんだぞ。おいらは世界で一番強い。おいらが親分だ」

と言って、そのカエルは、にわとりの卵を持ち上げて見せました。

ほかのどのカエルも、親分の力にはかないません。だから、いつも親分の命令を守って働いていました。どのカエルの顔も、楽しそうではありません。

あるとき、ピョンタという一匹のカエルが、親分に見つからないように、井戸を飛び出しました。

「親分よりも強いカエルって、ほんとうにいないのかな」

ピョンタは、一晩中はね回って、ついにある池を見つけました。その池のなかでは、なんと百匹ものカエルが暮らしていました。そこにも、親分のようなカエルが住んでいました。

「みんな、俺様《おれさま》の言うことを聞け！　どうだ、こんな大きな物を持ち上げることができるんだぞ。俺様は世界で一番強い。俺様がボスだ」

と言って、そのカエルは、ダチョウの卵を持ち上げて見せました。

ピョンタは、驚きました。

「親分よりももっと強いカエルがいたなんて！」

ほかのどのカエルも、ボスの力にはかないません。だから、いつもボスの命令を守って働いていました。どのカエルの顔も、楽しそうではありません。

ピョンタは、ボスに見つからないように、池を飛び出しました。

「ボスよりももっと強いカエルって、いないのかな」

そしてまた一晩中はね回って、ついにある湖を見つけました。その湖のなかでは、なんと千匹ものカエルが暮らしていました。そこにも、ボスのようなカエルが住んでいました。

「みんな、わが輩の言うことを聞け！　どうだ、こんな大きな物を持ち上げることができるんだぞ。わが輩は世界で一番強い。わが輩が王様だ」

と言って、そのカエルは、ワニの卵を持ち上げて見せました。

ピョンタは驚きました。

「ボスよりももっと強いカエルがいたなんて！」

ほかのどのカエルも、王様の力にはかないません。だから、いつも王様の命令を守って働いていました。どのカエルの顔も、楽しそうではありません。

ピョンタは、王様に見つからないように、湖を飛び出しました。

「王様よりももっと強いカエルって、いないのかな」

そしてまた一晩中はね回ったのですが、ピョンタはついに疲れてしまい、いつのまにか、眠ったまま川に流されてしまいました。

ピョンタが目を覚ますと、そこは果てしなくひろがる海のなかでした。その海のなかには、なんと一万匹ものカエルが暮らしていました。そこにも、王様のようなカエルが住んでいました。

「みんな、わたしの言うことを聞け！　どうだ、こんな大きな物を持ち上げることができるのだぞ。わたしは世界で一番強い。わたしが大王様だ」

と言って、そのカエルは、恐竜の卵を持ち上げて見せました。

そのときです。ピョンタが言いました。

「大王様。ぼくは、小さな井戸に住んでいたので、そこの親分が一番強いと思っていました。でも、旅をするうちに、もっと強いボスに出会いました。ボスよりももっと強い王様に出会いました。王様よりももっと強い大王様に出会いました。だからきっと、大王様よりももっと強いカエルが、どこかにいるはずです！」

大王様は、「むぅ」とうなって言いました。

「ならば、そのカエルをここに連れて来い！」

ピョンタは黙ってうなずくと、勢いよく、海のなかへともぐっていきました。

さて、このあとピョンタは、大王様よりももっと強いカエルに出会うことができたのでしょうか？　もちろんできました。でもなぜか、ピョンタは大王様のもとへは帰りませんでした。

それからしばらくたって、大王様のもとに一通の手紙が届きました。

「大王様。ぼくは、大王様よりももっと強いカエルに出会いました。でもそのカエルは、みん強いからといって、威張ったりしません。ここに住んでいる百万匹のカエルたちは、みんな楽しそうに働いています。広い広いこの世界で一番になるためには、強いだけじゃダメなんです。世界一のカエルは、強くて、やさしくて、賢いカエルです。ぼくもそんなカエルになりたい。だから、世界一のカエルの家来になって、ここで暮らすことに決めました。

ピョンタ」

◆広い心をもてば、やさしい気持ちになれます――向山

子どもたちは、くり返しのお話が大好きです。先が予想できるからです。このお話も子どもたちに人気があります。小さなピョンタが冒険していくところを予想し、ピョンタと一緒に冒険している気分になるのでしょう。

このお話のように、ほんとうに力のある人は、強いだけでなく、やさしく、賢いということを子どもたちに伝えたいものです。スーパーマンもアンパンマンも、ヒーローは強く、やさしく、賢いのです。けっして威張ったりしません。

また、いろんな人がいることを知り、さまざまな世界を知ることができれば、やさしい心も育ってきます。

根はやさしいのに、威張った言い方をする子がいます。その言い方が、トラブルを引き

起こします。トラブルを引き起こすと、やさしさが化学反応を起こし、性格まで変化してしまうことがあります。

子どもの話し方は、大人の反映です。子どもの話し方を聞き、「ドキッ」としたことがあるでしょう。こんなことまで似てしまうのかと思った人もいるでしょう。

大人は、子どもを自分の鏡だと思わねばなりません。

第2話

覚えているといいな

弟や妹にやさしくできないときは……

★

「うちの弟は、生意気だからいやになっちゃう」

「わたしの妹は、何でもわたしの物をほしがるから嫌い」

あらあら、あれほどお母さんやお父さんに「妹や弟がほしい、お姉ちゃんになりたい」

と言っていたみなさんだったのに、どうしたことでしょうか。次のお話を聞いて、もう一度あのときの気持ちを一緒に思い出しましょう。

◈

わたしが二年生のとき、妹が生まれました。妹の名前は、五月生まれなので「芽衣《めい》」です。お母さんと一緒に、わたしは芽衣のベビーカーを押して、散歩に行きました。芽衣は、散歩が大好きです。外に出ると、手を動かして「楽しいよ」と言っているみたいです。わたしが話しかけると、きゃっきゃっと喜びます。そんな芽衣は、とってもかわいいです。

お母さんが、
「芽衣ちゃんは、お姉ちゃんと一緒だとご機嫌ね」
と、いつも言います。だから、わたしは、とってもうれしくなります。

部屋では、一緒にうさぎのぬいぐるみで遊びます。うさぎのみーちゃんは、芽衣のお気に入りです。ワーンと泣き出しても、うさぎのみーちゃんを見せると、にこって笑います。でも、最近の芽衣はうさぎのぬいぐるみをすぐ投げます。拾ってあげるとまた、ぽいって投げます。わたしが拾っても拾っても、芽衣はうさぎのぬいぐるみをぽいっと投げます。
「もう、芽衣なんてやだ」

と、お母さんに言うと、教えてくれました。

「あのね、芽衣と同じくらいのときには、あなたにぬいぐるみやおもちゃ、お花などを渡すとぽいって投げていたわよ。『これ、きれいでしょ』って渡しても、ぽいだもの。でもね、これは大きく育っていますよっていうしるしだから、怒っちゃいけないのよ。お母さんだって、お父さんだってそうだったのよ」

「そうか、わたしもぽいぽい投げて大きくなったんだ」

わたしは、自分もそうだったのだと思うと、ぜんぜん覚えていないけれど、なんだかうれしくなりました。

芽衣、聞いてね。

芽衣が、うんちやおしっこをしたおむつをかたづけたのはわたしだよ。ちょっとたいへんだけれど、がんばっているよ。だって、お母さんが、おむつを替えるときに「あら、いいおしっこね。上手にうんちができたわね」と、芽衣をほめるから、わたしだって、がんばるよ。お姉ちゃんだからね。

いまは、芽衣と一緒に遊ぶのが夢です。近くの公園でブランコに乗ったり、砂場でトンネルをつくったりして仲よく遊びたいです。一緒に手をつないで走るのもいいなあと思います。きっと、芽衣は喜んでくれます。

わたしは、妹の芽衣が大好きです。

「だから芽衣、その日まで、わたしがお姉ちゃんとしてがんばっていたことを覚えていてね」

◈

妹の芽衣ちゃんを思うお姉ちゃんの気持ちがよく伝わってきましたね。芽衣ちゃんがにこにこ笑顔でいるのは、お姉ちゃんのやさしい気持ちに対するお返事だったのですね。

世界中にたくさんの子どもがいますが、せっかく兄弟姉妹として生まれたのですから、お互いに仲よく楽しく過ごせたらいいと思いませんか。さあ、このお話を聞いたみなさん、今日家に帰ったら、弟や妹に、笑顔で「一緒に遊ぼう」と言いましょう。

◆きょうだいがいる幸せに、気づかせてあげましょう　―――向山

少子化が進み、きょうだいのやりとりから学ぶことが少なくなってきています。きょうだいがいれば、けんかやトラブルから多くのことを学びます。我慢したり譲ったりすることは、相手がいて生じることです。

今回のお話は、トラブルの原因のできごとについて、「お父さんやお母さんだってそう

だったのよ」と説明しています。大きくなるためにだれもが通る道だと知って、お姉ちゃんは、妹の行為をやさしく受け入れます。ひとつのトラブルからすてきなことを学び、またひとつ大人になりました。あたたかい家庭のやりとりが伝わってきます。

自分の小さかったころの親の話は、子どもの心に伝わります。

子どもが納得して、決断することは、大きな力となり、何よりも大切です。

第3話

きつねさんとうさぎさん

自分勝手な行動をとったときは……

★

ある日、きつねさんとうさぎさんが、一緒に畑仕事をしていました。

「うさぎさん、こんなに働いてがんばったから、きっとたくさん収穫できるね」

「そうだね、きつねさん二人で半分にしましょうね」

そこで、きつねさんはこう言いました。

「こうしましょう、うさぎさん。土から上に出たものはうさぎさんのもの、土から下にできたものはぼくのものにしませんか」

うさぎさんは、いい考えだと思い賛成しました。毎日、二人は力をあわせて畑で働き、収穫の日を迎えました。

「約束どおり、ぼくは土から下のものをもらいますよ」

きつねさんは、土の下から大きく太ったにんじんを抜いて、みんなもって帰りました。うさぎさんは、土の上に残ったにんじんの葉っぱばかりをもって帰りました。

春がやってきました。きつねさんとうさぎさんは、また畑で働くことになりました。うさぎさんは、緑の苗を植えながら、

「きつねさん、今度はぼくが土の下のものをもらっていいですか」

と、言いました。

「もちろんいいですとも」

二人は、毎日毎日働きました。

そして、収穫の日がやってきました。

「うさぎさん、それでは土の上のものはぼくがもらっていきますね」

と、きつねさんは土の上に実った赤い実を全部持って帰りました。二人が植えたのは、トマトだったのです。うさぎさんは、悲しそうな顔をして、トマトの根っこばかりの畑を見ていました。


それからしばらくたって、きつねさんとうさぎさんは、また畑に立っていました。うさぎさんは、きつねさんにお願いしました。

「きつねさん、今度はぼく一人で仕事をするから、畑でできたものはみんなぼくのものにしたいんだ。いいでしょう」

きつねさんは、少し考えましたが、

「いいですよ」

と、畑をあとにし、おうちに帰りました。そして、これまでのことを考えてみたのです。

毎日、毎日、うさぎさんは畑で働きました。きつねさんは、少しばかり心配になってきました。そういえば、朝早く畑に来ていたのは、うさぎさんでした。夏の暑い日に、草取りをしていたのも、うさぎさんでした。水やりをしていたのも、支柱を立てたのも、みんなうさぎさんだったような気がします。それに比べて、自分はどうだったでしょう。草取りをしながら、手を動かすよりおしゃべりに夢中だったかもしれません。暑い日には、木陰で休んだことが、うさぎさんより多かったかもしれません。それに、ほんとうは植えたのがにんじんとトマトだとわかっていたのです。

二回も自分勝手なことをしたから、いくらなんでもうさぎさんは許してくれないでしょう。きつねさんは、悲しくなってきました。もう、ふたりで仲よく畑仕事をすることはできないのです。仲よしの友だちをなくしてしまったのです。

そんなある日、きつねさんの家にうさぎさんがやってきました。うさぎさんの手には、きれいな花束があふれていました。

「きつねさん、誕生日おめでとう」

うさぎさんは言いました。そうです。今日はきつねさんの誕生日。

「ぼくはね、畑でこの花を育てていたんだよ。君へのプレゼントにしたかったので一人で育てたかったんだ」

きつねさんは、うれしい気持ちと恥ずかしい気持ちでいっぱいになりました。うさぎさんは、自分勝手なきつねさんの誕生日をお祝いしてあげようとお花を育ててくれたのです。こんなにやさしい友だちをもって幸せ者だとうれしくなりました。でも、そんなやさしいうさぎさんに、自分はなんて悪いことをしていたのかと思うと、ほんとうに悲しくなりました。

「ありがとう、うさぎさん。でも、ぼくは君に悪いことをしちゃった。ごめんなさいね」

「いいんだよ。ぼくたちは、友だちだもの」

「許してくれるんだね。ぼくたち、また友だちになれてうれしいよ」

きつねさんとうさぎさんは、二人でお誕生パーティーをしました。

きつねさんは、もう自分勝手なことをすることはないでしょう。だって、ほんとうのお友だちのやさしさと、人を信じる気持ちを知ったからです。

◆たくましさもやさしさも、あわせもった子どもに育てましょう――向山

誠実でやさしいうさぎと、ずるがしこいきつねが登場します。幼稚園や小学校低学年の子どもたちも同様です。人のいい、のんびり穏やかな子どもと、要領がよく、ちょっとずるさを身につけた子どもとに分かれます。

多くの場面で、人のよさがずるさを包み込みます。子ども同士に限らず、トラブルの多くは、ずるさとずるさがぶつかるときに生じます。現実は、うさぎさんのようなやさしさ

で、ずるい人を許すことはなかなかできません。また、きつねのように、自分のしたことを振り返ることができる子はほとんどいません。このお話では、きつねは、友のいない寂しさを味わって、友だちのすばらしさと自分の行為について反省します。

うさぎのようにやさしく育ってほしいと願うと同時に、きつねのようにたくましく生きる力をもちながら、やさしさに気づく人に育ってほしいと思うのです。

第4話

以心伝心ってホント？
友だちの悪口を言うときは……

★

「以心伝心」という言葉があります。言葉に出さないで、お互いに気持ちが通じることをいいます。

お互いに気持ちが通じ合うなんて、仲のよい友だちにしかありえない。そんなふうに思っていませんか？　まったくそんなことはありません。では、「以心伝心」になったら、どんなことが起こると思いますか？

◆

五歳の男の子が、お父さんとお母さん、二人と手をつないで、道を歩いていました。手にぶらさがってみたり、お話ししたり、とてもうれしそうに、にこにこしていました。遠くから犬が飼い主と一緒に散歩しているのが見えました。それに気がついた途端、男の子は顔を引きつらせて、いま来た道と反対方向に行こうとしました。

「大丈夫よ。怖くないわよ。お父さんもお母さんもいるわ」

元来た道を戻ることはやめましたが、男の子の足は止まったままです。そうしているうちに、犬が近づいて来ました。ポメラニアンです。

「うわーん。怖いよー」

とうとう男の子は泣き出してしまいました。

ワンワンワン。犬の鳴き声と男の子の泣き声が聞こえてきます。

「よしよし。大丈夫よ、怖くないからね。かわいいワンちゃんよ」

お母さんが男の子を抱っこして、あやしていますが、男の子はさらに大きな声で泣きはじめました。犬の鳴き声も男の子の声と同じように大きくなりました。

「坊や、泣いちゃいけないよ。犬が怖がっているよ」

飼い主のおじさんが、やさしく言いました。

男の子は、一瞬びっくりした顔をして、おじさんを見つめました。

「坊や、この犬のしっぽを見てごらん。二本の後ろ足のあいだに挟まっているだろう。これはね、怖がっている証拠なんだよ。坊やが怖い、怖いって泣くだろう。そうすると、坊やの怖い気持ちが犬にもわかるんだよ。だから、犬もびっくりして鳴くんだよ。坊やが泣きやんでごらん。犬も鳴きやむから」

男の子が犬のしっぽを見ると、股《また》のあいだに挟まっています。そして、足もがたがたふるえているようです。それを見ていると、男の子も少しずつ犬が怖くなくなってきました。

男の子が泣きやみました。するとどうでしょう。犬も鳴きやんだではありませんか。

「お父さん、お母さん、ぼく、もう犬が怖くないよ」

「そう。よかったわね。ちゃんとおじさんにお礼を言わないとね」

「おじさん、ありがとう。ぼく、犬に会っても、もう泣かないよ」

男の子はにっこり笑って言いました。おじさんのそばで犬も鳴かずにおとなしく男の子のほうを見ていました。

動物も、怖がられているとか、好かれているという気持ちを感じて態度を変えます。人ではどうでしょうか。気持ちは通じることが考えられます。

◆

友だちになりたいな、この人はいい人だな、と思う人とは、お互い仲よくなれることが多いです。反対に、この人は苦手だな、いやだな、仲よくなれないな、と思う人とは、なかなか友だちになったりしません。不思議なことに、自分が思ったことは相手も思っていることが多いのです。

では、以心伝心で伝わるとしたら、あなたはどちらの人が楽しい日々を送れると思いますか?

花が好き。生き物が好き。歌うのが好き。友だちが好き。お父さんが好き。お母さんが好き。きょうだいが好き。先生が好き。動物が好き。好きなことが多い人。

花が好きじゃない。生き物が好きじゃない。歌うのが好きじゃない。友だちが好きじゃない。お父さんが好きじゃない。お母さんが好きじゃない。きょうだいが好きじゃない。先生が好きじゃない。動物が好きじゃない。好きじゃないことが多い人。

もう、わかりますね。好きな気持ちが伝われば、相手も好きな気持ちになっている、なんてすてきなことでしょう。以心伝心で伝えるなら、いい気持ちを伝えていけるといいですね。

◆好きになれば、気持ちは通じ合うものです――向山

わかりやすく、犬を例に挙げていますが、相手に対する気持ちは、鏡のように自分に戻ってきます。大好きな人からは、同じくらい好かれていて、嫌いな人からは、同じように嫌われているのです。

大人になれば、価値観の違いや考え方の違いを上手に受け取ったり、受け流したりすることもできてきますが、子どものうちは、友だちのよさに目を向けられるようなアドバイスを送りたいものです。親同士の対立やけんかは、とかく子どもに反映します。学校教育も、そうした背景のなかでは、よい教育は行なわれません。親同士仲よく助け合えば、子ども同士が自然に仲よくなれるのです。もしけんかをしたり、友だちの悪口を訴えたりする場合は、

「ちょっとほかのお友だちとも遊んでごらん。きっとまた、○○ちゃんと遊びたくなるよ。

「そうしたらまた遊べばいいよ」

と、さらりとアドバイスしましょう。多くの場合、こうした対応で、しばらくすれば、また楽しそうに遊んでいます。

長いあいだ教師をしてきましたが、どの子もいいところをもっていることを実感しています。犬の例を取り上げ、友だちとの関係についても話してみましょう。

第5話

パンダがやってきた
ペットの命の大切さを教えたいときは……

★★

みなさんは動物を飼ったことがありますか？「飼」という字は、「食を司《つかさど》る」と書きます。飼った動物の食べ物をどうするか、つまり命をどうするかは、すべて飼い主が握っているということです。生かすも殺すも飼い主しだい――それが飼うということです。カブトムシ、ハムスター、カメ……。初めのうちは手に入れたうれしさや珍しさから一生懸命世話をしていたものの、やがて飽きてしまい、ほったらかし。世話の係はいつのまにかお母さんになっていた——などという人はいませんか？　そんな人がこのお話を読んで、次に動物を飼うとき、しっかりと世話をしてくれるようになってくれればうれしいです。

◆

パンダが初めて日本にやってきたのは、いまから三十年前のことです。国と国との仲よしの印として、中国から日本へと二頭贈られたのでした。パンダは上野動物園に置かれることになりましたが、上野動物園の人たちはみな困ってしまいました。それまで日本では、パンダを飼うどころか、パンダを見たことも聞いたこともない人がほとんどだったからです。上野動物園の人たちも、誰もパンダの飼い方を知りませんでした。何を食べるのかさえ、よくわかっていなかったのです。

「パンダは竹を食べるらしい」ということで、ありとあらゆる竹や笹《ささ》が、枯れているものから新鮮なものまで手当たりしだいに集められました。しかし、上野動物園に入れられた二頭は食べませんでした。じつは、飼育係の人たちは間違えていたのでした。竹を食べると聞いて、竹の幹を細かく割いてパンダの前に出していたのですが、パンダが食べるのは幹ではなくて葉のほうだったのです。

みなさんだったら、パンダが竹や笹の葉を食べるということを知っていますね。いまでは、だれでも知っているようなこんなことさえ、そのころはだれも知りませんでした。幹に葉のついたまま与えると、パンダは幹をもってむしゃむしゃと葉を食べました。また、パンダは手でもって食べるため、葉だけ与えても食べないということもわかりました。

食べ物の次に飼育係の人たちが困ったのは、パンダが体調を崩したとき、どんな薬をのませればいいかでした。いろいろ考えたすえ、「中国の動物だから同じ中国の薬である漢方薬が効くのではないか」と考え、薬屋さんで人間用の漢方薬を買いました。それをパンダの食べ物にまぜ、いつもと変わらない様子でパンダに与えました。パンダはとても臆病《おくびょう》です。いつもと違うことがあると、すぐに体調を崩してしまいます。動物園で体調を崩したのは、毎日多くのお客さんに見られつづけたストレスからでした。飼育係の人たちは、食べ物に薬が入っているとパンダに気づかれないよう、いつもと変わらない様子を心がけてパンダに与えました。幸い、そのときのパンダは薬入りの食べ物を食べ、元気を取り戻しました。

それから七年間、飼育係の人たちの努力のおかげでパンダは元気に動物園で過ごしていきました。七年後、二頭のパンダは病気で相次いで死んでしまいました。飼育係の人たちも一生懸命看病したのですが、残念ながら命を救うことはできませんでした。

いまでも上野動物園には、その後中国から贈られたパンダがお客さんの人気を集めています。いま、そのパンダが元気で毎日を過ごしているのも、かつての飼育係の人たちが必死にパンダの世話をして残した、百冊をこえる飼育日誌に書かれたさまざまなデータのおかげだということです。

◆

動物を飼っているあなた。あなたはどうですか？

上野動物園の飼育係の人に負けないくらい一生懸命世話をしている人は立派ですね。どうぞこれからも続けてください。

残念ながらそうではないというあなた。あなたが世話をしてくれるのを、きっとその動物は待っていますよ。

◆責任をもって命を育てることで、子どもは大きく育ちます――向山

小学校三年生のひろし君が、朝登校してきて、自分の席に座ったまま動きません。具合

でも悪いのだろうと、担任の先生は、「お腹《なか》でも痛いの?」とたずねます。ひろし君は首を横に振り、大粒の涙をボロボロっと出して、何も答えません。「だれかにいじめられたの?」首を横に振ります。一緒に登校してきた男の子が、先生の耳元でつぶやきました。

「飼っていたウズラが、朝死んじゃったんだって」

先生は、やっと理由がわかりました。先生は言いました。

「天国にいったウズラが見てるよ。元気のないひろし君を見て、『元気出して、頑張って』って言ってるよ」

ひろし君は、やっと顔を上げました。

飼っている動物の死と直面することは、悲しいことですが、その子にとってとてもよい経験なのです。命の大切さ、責任感など、たくさんのことを教えてくれます。

第6話

みんな違ってみんないい

自分を好きになれないときは……

★

世界でつくられているくだものの量ベスト3を知っていますか。

一位はブドウ、二位はミカン類、三位はバナナだそうです。

そのブドウさん・ミカンさん・バナナさんが登場するこんなお話があります。

◈

昔々、あるところに「くだもの村」がありました。

ある晴れた日のことです。ブドウさんと、ミカンさんと、バナナさんが、三人でお話をしていました。

ブドウさんが言いました。

「ミカンさん、ミカンさん、あなたはとても明るいオレンジ色をしていますね。それに比べてわたしはこんな紫色。あなたがうらやましい」

それを聞いてミカンさんが言いました。

「バナナさん、バナナさん、あなたはとてもスラリとした身体ですね。それに比べてわたしはこんなに丸い身体。あなたがうらやましい」

今度はバナナさんが言いました。

「ブドウさん、ブドウさん、あなたはとてもかわいい小さな顔ですね。それに比べてわたしはこんなに長い顔。あなたがうらやましい」

三人がため息をついていると、空からお日様が言いました。

「ブドウさん、あなたの紫色は深い海の底のようにきれいです。ミカンさん、あなたのまあるい体は子どものほっぺみたいにかわいいです。バナナさん、あなたの長い顔は三日月様みたいでわくわくします。ブドウさんもミカンさんもバナナさんも、みんなとってもすてきですよ。色も、形も、顔も違うからすてきなのです。わたしは三人とも、大好きです」

お日様の声を聞いて、ブドウさんもミカンさんもバナナさんも、とてもうれしくなりました。

◈

ブドウがミカンみたいに大きくてオレンジ色だったらどうでしょう。

ミカンがバナナみたいに黄色くて細長かったらどうですか。

ブドウもミカンもバナナも、みんな違って、みんなおいしいくだものですよね。

わたしたちだって、みんな顔も違うし、声も違う。背が高い人もいるし、低い人もいる。めがねをかけている人もいるし、かけていない人もいる。外で元気に鬼ごっこするのが好きな人もいるし、部屋のなかでしずかに折り紙をするのが好きな人もいます。

あなたと、となりのお友だちが、同じ顔で、同じ声で、やることがみんな同じだったらどうでしょう。わたしたちは機械やロボットではありません。みんな、それぞれ違うのがあたりまえなのです。そして、違うからこそ、すてきなのです。

「くだもの村」のブドウさんたちのように、自分にないところばかりをうらやましがってもいいことは何もありません。

それより、お日様の言うように、自分のいいところを見つけましょう。そして、いいところをいまよりもっとよくしていくように頑張ってみましょう。

わたしは、みんなと違うあなたが大好きです。

◆子どもたちが、自分のすばらしさに気づく手伝いをしてやりましょう——向山

詩人・金子みすゞさんの詩に、「私と小鳥と鈴と」という詩があります。それぞれに、できること、できないことがあるけれど、〝みんな違ってみんないい〟という詩です。

このお話に出てくるように、ブドウもミカンもバナナも、それぞれにおいしいですし、魅力があります。お日様が、それぞれのよさを説明する場面があります。自分のよさに気づくことは、案外難しいことなのです。お互いのよさをうらやむことは悪いことではありません。子どもたちは、友だちのよさをとても上手に見つけます。

「〇〇ちゃんは、鬼ごっこでとても足がはやいんだよ」

「△△ちゃんは、強いんだよ。転んでも泣かないよ」

きわめて具体的な根拠をもって、説明してくれるのです。そして、「〇〇ちゃんのように足がはやくなりたい」「△△ちゃんのように強くなりたい」と思うのです。

お日様がくだものたちにそれぞれのよさを気づかせたように、大人たちは、子どもたちが自分のすばらしさに気づく手伝いをしてやらねばなりません。同時に、友だちのよさを追いかける努力をしていたら、エールを贈るべきでしょう。

第7話

痛いのは自分だけ?

「ごめんね」の一言が言えないときは……

★

「火に油を注ぐ」という言葉があります。燃えている火に油を注いだらどうなるでしょう。ますます火の勢いが激しくなりますね。ある一つのことが、何かがきっかけでますます激しくなってしまうことを「火に油を注ぐ」と表現します。

みなさんが、痛いこと、辛《つら》いこと、悔しいことに出会ったとき、腹を立てることは、まさに「火に油を注ぐ」ことになります。痛いことはますます痛く、辛いことはますます辛く、悔しいことはますます悔しく感じることでしょう。では、腹を立てないようにしたらどうなるでしょうか?

◆

三歳の男の子が家のなかで遊んでいました。ゲームをしたり、ヒーローの人形で遊んだり、走り回ったり楽しそうでした。近くにはお母さんがいて、洗濯物をたたんでいました。

男の子の周りには、特にけがをしそうな物も置いてなかったので、お母さんはときどき男の子のほうに目をやりながら、洗濯物たたみに精を出していました。

「ぎゃーーーーん！」

突然、大きな泣き声が家中に響き渡りました。男の子は走り回っているときに、不注意から机の角に頭をぶつけてしまったのでした。お母さんは、すぐに男の子のもとに駆けつけました。そして、男の子を抱きしめ、

「あらあら、たいへん、痛かったわね。大丈夫、大丈夫」

お母さんはやさしく男の子の頭を、何度も何度もなでてやりました。

少し落ち着いた男の子は、キッと机をにらみつけました。

「ぼくがこんな痛い目にあったのは、この机が悪いからだ！」

とでも言いたげな表情です。

そんな男の子の気持ちを察したのでしょうか、お母さんは言いました。

「痛かったわね。頭をぶつけてほんとうに痛かったでしょう。でも、きっとこの机も頭をぶつけられて痛かったでしょうね」

お母さんは、そうやって男の子が頭をぶつけたであろう机の角のあたりを、なではじめ

ました。

「痛くない、痛くない。机さんも頭がぶつかってきてびっくりしたでしょう。でも、痛くない、痛くない」

するとどうでしょう。男の子も同じように机のその場所をなではじめたのです。

「机さん、ごめんね。痛くない、痛くない」

◈

頭をぶつけたことで、男の子の心のなかは、痛い気持ち、怒りたい気持ちでいっぱいでした。ここで、一気に腹を立てたらどうなっていたことでしょう。ますます、痛い気持ち、怒りたい気持ちが大きくなっていったに違いありません。まさに、「火に油を注ぐ」ことになったのです。

でも、お母さんがやさしく男の子を落ち着かせ、「机も痛かったのだ」というような言葉がけまでしてくれました。これで、男の子は腹を立てることなく気持ちを穏やかにすることができました。そして、キッとにらみつけた机に対して、「痛くない、痛くない」となでてやることができるまでになったのです。よく周りを見ないで走り回っていた自分も悪かったと思ったかもしれません。

この男の子がもっと大きくなったら、だれかとぶつかるようなことがあったとき、ぶつかった相手を責めるよりも、

「お互い痛かったね」

とやさしく声をかけられるような、そんな人になっていくことでしょう。みなさんも、友だちとぶつかるようなことがあったとき、そんなやさしい言葉がけができる人になりたいと思いませんか。そのときは、この「机も痛かった」お話を思い出せるといいですね。

◆相手のことも考えてみる、その気持ちがトラブルを解決します――向山

幼稚園や小学校で、自分の非を他のせいにする場面はよく見られます。廊下や校庭でぶつかっても、なかなか「ごめんなさい」という言葉は出てきません。それどころか「○○ちゃんが走っていたから……」「ぼくは前を見てたのに、そっちがよそ見してたから……」という具合です。

けんかの多くが、一言「ごめんね」と言えば起きない程度のことです。ほとんどの子どもは、謝られると少々痛くても、「いいよ」と答えます。目に涙をいっぱいためても、我慢します。そのうち痛みも和らいでいくようです。

子どものトラブルが多い学校は、親からの苦情も多くあります。子どもは、無菌状態で育ててはいけません。小さなトラブルは自分で解決する力を身につけさせなければなりません。ぶつかるとお互いが痛いことを、こうして言って聞かせることが、小学校に入ってから、たくさんの友だちと生活するなかで生かされることでしょう。

★★

第8話

阪神淡路大震災

困っている人を助けられる子どもに育てたいときは……

一九九五年一月十七日、午前五時四十六分。
忘れられないことが起こりました。
阪神淡路大震災といいます。
ある人の体験です。

グラッ。ガタガタガタガタ。周りじゅうの家具が倒れ、電球が落ち、頭のなかが真っ白で、何も考えられなくなりました。とても長い時間に感じました。実際は一分もかからない短い時間だったのです。空は真っ暗、周りじゅうでドーン、ドーンという何かが潰れる音がします。人の叫び声のようなものも聞こえてきます。こんな声は聞いたことがないくらい、悲しい、悲痛な声です。何だかとてつもないことが起きている気がしましたが、布団の上に乗っている電球とベッドの縁で止まっているタンスと本棚に囲まれて、真っ暗ななか、震えていました。

家族のことが気になり、家具を乗り越えて、割れたガラスの上に布団を敷き、部屋を出ました。戸も階段も少し傾いています。家のなかは物音ひとつしません。

「お父さん、お母さん、大丈夫なの」

「おうい。大丈夫だよ。気をつけてこっちへおいで」

部屋のなかはいろいろなものであふれています。父と母はベッドと家具のあいだにできた隙間のなかで無事でした。

二階の窓がなんとか開きました。なんと、いままで見えていた屋根がすべてありません。一階が潰れ、崩れた建物の上に、箱のように二階が載っていました。

父と一緒に上着を羽織ると、二階の窓から外に出ていきました。

木や柱を退《の》けて建物の下にいる人を引っ張り出します。崩れた建物のある所で見られた光景です。警察の人、消防の人だけではありません。周りにいる人たちで手分けして救助活動をしました。

また、ある男子中学生の体験はこうです。

地震の時はまだ寝ていて、何がなんだかわかりませんでした。気がついたらベッドが倒れて壁とベッドのあいだに挟まれていました。父に引っ張り出してもらい、やっと抜け出しました。

「部屋、建物が壊れてぐちゃぐちゃだった。勉強道具もゲーム類も何も取り出せなかった」

壊れた家のそばにいるのは怖いから、家族で学校に避難しました。歩いていたら、風が冷たくて、崩れた建物の土ぼこりもきて、体の芯《しん》まで凍えそうです。学校に着いたら人がたくさんいました。廊下や給食室の床の上にまで人が寝ています。家族でなんとか、眠る場所を見つけました。百人以上の人が雑魚寝《ざこね》できる中学校の柔道場でした。

余震があると、夜中でも飛び起きます。夜になっても明かりが消えることはありません。昼間は同じ場所にいる小学生の面倒を見てトランプをしたり、外でサッカーをしたりして遊んでいました。だれに言われた訳でもなかったそうです。

「知らない女の人だけど、水や食べ物を分け合って食べたよ。自分のところは二枚毛布があるから、一枚どうぞってくれた男の人もいたよ」

海外からの救援隊として、いち早く現場に入ったスイス救助犬チームの隊長はこう言っています。

「多くのことを学んだ。まず、日本人の冷静さ、落ち着きということだ。被災地で盗みがほとんど起きない。警察などはそうしたことに惑わされずに済む。これまで見たこともない規律ある社会だ。困難に対し、成熟した対応をしている」

阪神淡路大震災では、いろいろな助け合いが被災地で起こりました。二つの体験が珍しいことではなかったのです。自分自身がたいへんななか、人を助けようとする人が多くいました。また、震災のことを知り、日本国内でも、たいへんな目にあっている人たちを助けようとする動きが生まれました。

「当たり前のことをしただけだよ」

そんなふうに助け合える社会にするには、みなさん一人一人の力が大切ですね。

◆日本人の気概・すばらしさを、子どもに伝えましょう――向山

阪神淡路大震災のさまざまなドラマを耳にします。あの極限状態のなかでとった日本人の行動のすばらしさを、子どもたちに伝えたいものです。

スイス救助犬チームの隊長の言葉が象徴しているように、被災地の報道の多くが、まさに助け合う場面を映し出していました。こうした日本人としての誇らしい国民性を、子どもたちに語り伝えるべきでしょう。日本の未来を担う子どもたちに、日本人のすばらしさを教えるのは、我ら大人の大切な役目です。

わたしは、「日本人の気概」という視点で、多くのすばらしい日本人について、事実をもとにして授業することを提案しています。日本人が自分の国を誇れる教育を、さまざまなかたちで行なっていきたいものです。

第2章

まっすぐな
子どもに育ってほしい

第9話

我慢できる子・できない子

聞き分けなく泣いたときは……

★

夕方の混雑しはじめた電車のなかに、乳母車を押した親子連れが乗ってきました。車内は、この母親に対して「たいへんだな」「なんでこんな時間帯に乗ってくるんだ」という二つの雰囲気がただよっていました。そのうち、幼稚園くらいの男の子がぐずぐず言いはじめました。どうやら、一番前の車両に行って、正面の窓から外の景色を眺めたいらしいのです。何度も母親にこのことを訴えています。そのつど、お母さんはやさしい声で「だめ」と言います。ついに、男の子は、大粒の涙を目にいっぱいためて、いまにも大泣きしそうです。お母さんは、そっと男の子の口に手を当てました。男の子は、びっくりしてお母さんを見ます。手を口から離したお母さんは、次のように言いました。

「わがままをいう子は、お母さん嫌いだな。これだけ混んでいたら一番前には行けないよ。ほかの人に迷惑かけちゃうもの。わがまま言うんだったら、おばあちゃんの家にも行けないよ。飛行機はお金も高いし、赤ちゃんもいるんだから、お母さん飛行機に乗るなんてとっても不安でできないよ。電車のなかで我慢できないなら飛行機なんて無理だよ」

男の子の目から大粒の涙がこぼれ落ちました。ぐっと涙を手でぬぐうと、お母さんに言いました。

「我慢する。だって、おばあちゃんに会いたいもん」

その後は、親子で仲よくおばあちゃんの話をしていました。時折、笑顔を見せる男の子の顔は、ちょっとお兄さんになったような感じです。

◈

もうひとつ、お話ししましょう。

病院の待合室でのできごとです。診察室からは、さっきから子どもの大きな泣き声が聞こえます。となりに座っていた女の子がお母さんに聞きました。

「注射、痛い?」

「針を腕に刺すのだから、痛くないといったら、うそになるわ。注射は痛いわよ」

と、お母さんが答えています。

「痛いの、いやだな」

「それなら、わんわん大声で泣いてもいいわよ」

「大きな声で泣いたら恥ずかしいよ。わたし、赤ちゃんじゃないもの」

「恥ずかしいのなら、痛いのを我慢したら」

女の子は、何も答えませんでした。でも、お母さんの顔をしっかり見ています。お母さんは、さらに次のように話しはじめました。

「注射をするとき、腕から目を離しちゃだめ。じっと、針を見るのよ。そうしたら、我慢できるからね。わんわん泣いても我慢しても、痛さは変わらないのだから。あいちゃんは、どっちにするのかな」

「わたし、我慢する」

しばらくすると、女の子は看護師さんに名前を呼ばれて、診察室に入っていきました。女の子はどうしたでしょうか。泣き声が聞こえないので……。そうです。女の子は、にこにこしながら診察室を出てきました。

「お母さん、注射が痛いのは、泣いても我慢しても同じだもんね。わたし、我慢できたよ」

きっと、お母さんにたくさんほめられたことでしょう。また、お医者さんや看護師さんにも、

「泣かなくて、えらいね。我慢できたね」

と、たくさんほめられたに違いありません。

◈

この二つの親子の会話から、あなたはどんなことを考えましたか。

男の子の場合、お母さんが困る状況をきちんと話しました。それを聞いて男の子は泣くのをやめ、前に行くことを我慢しました。お母さんがただ一方的に「だめ」と言ったら、大泣きしたことでしょう。

女の子の場合は、注射の痛さは泣いても我慢しても同じです。同じ痛さなら我慢する。では、なぜ、女の子は我慢できたのでしょうか。それは、自分で決めたからです。だから、痛くても我慢できました。すると、たくさんほめられました。これが、お母さんやお医者さんに一方的に「我慢しなさい」と言われただけなら、きっとできなかったでしょう。注射をすることに変わりはありません。そこには、注射をするというできごとをどのように受け止めるかという違いがあるだけです。このようなときは、自分で決めるということが大事ですね。

◆落ち着いて話せば、子どもは自分で「我慢する」と決められます――――向山

町でよく大声をあげて泣いている子を見かけます。スーパーでも、欲しいものの前でだだをこね、挙げ句の果ては泣き、座り込んでいる場面にも出会います。そんなとき、お母さんやお父さんが、子どもと同じように、大声をあげて叱っていることがよくあります。ときには、お子さんの言いなりになっていることもあります。

子どもはとても賢く、一度自分の思い通りになったら、同じように行動します。今回のお話のように、お父さんやお母さんは辛抱強く、賢くなくてはなりません。落ち着いた声で、諭すことが大切です。

「三つ子の魂百まで」という言葉があるように、規範意識は小さいころから養わなければなりません。

第10話

「あ・い・う・え・お」の話

「よいこと」と「悪いこと」をしつけたいときは……

★

学校でみんなが、楽しく仲よく過ごしていくためには、大切なことがあります。それは何でしょうか。今日はそのことを、一年生になった達也君の話を聞いて考えてみましょう。

◈

今日は、入学式です。今日からぼくは、一年生。ぼくは、ランドセルを背負って海の見える小学校に通えるのをとても楽しみにしていたんだ。ほんとうは、今日で小学校に来るのは五回目。ぼくは、待ちきれずに小学校に遊びにきていたんだ。

さあ、式が始まりました。

ぼくのおとなりの席は、同じ幼稚園だった静香ちゃんです。校長先生が、

「一年生のみなさん、ご入学おめでとうございます」

と言うと、静香ちゃんが、

「ありがとうございます」

と言ったんだ。ぼくは、あわてて「ありがとうございます」と言った。そうしたら、校長先生がにこにこ笑顔で「今年の一年生は、あいさつが上手ですね」とほめてくれた。ぼくは、校長先生のにこにこ笑顔がいっぺんで大好きになった。それから、静香ちゃんの真似をしてよかったなと思った。今度からは、「ありがとう」と自分から言おうと思った。だって、ぼくは、今日から一年生だもの。

校長先生が、「今日の朝、起きたとき『おはよう』と言えた人」って、ぼくたちに聞いた。ぼくは、「はい」って元気よく手を挙げた。ぼくは、お母さんにもお父さんにも犬の「タロ」にも言ったんだ。みんなもぼくに「おはよう」って言ったよ。「おはよう」って言ってよかったな。犬の「タロ」は、「おはよう」って言えないから、ワンワンと鳴いてしっぽをいっぱい振ってくれたんだ。とびっきりの「おはよう」だったなあ。

すると、校長先生が、「これが『あ』です」と言ったんだ。「あ」って何だろう。そう思っていると、校長先生が、「あ、い、う、え、おの『あ』ですよ」って教えてくれた。〝ありがとう〟の「あ」、〝あいさつ〟の「あ」だと話してくれた。そうか、ぼくは、「あ」ができたんだ。

次に、校長先生が、「学校の前の横断歩道で、手を挙げて渡った人はいますか」と聞いた。ぼくは、また、「はい」って返事をしたよ。でも、ほんとうは、ちょっと違うんだ。学校が見えてきたらうれしくなって「わーい、学校だ」と走り出そうとしたら、お父さんがぼくの手を引っ張った。

「何で、引っ張るんだよ」

って怒ったら、お父さんが、

「車が来たら、轢《ひ》かれていたよ」

って、とても悲しそうな顔で言った。こんな悲しい顔をしたお父さんを見たことがなかった。だから、ぼくは、ちゃんと手を挙げて横断歩道を渡るって約束したんだ。

車が来なかったからよかったけれど、これが校長先生の話の「い」だっていうことがわかった。「い」は〝いのち〟の「い」なんだ。明日からは、一人で学校に行くのだから、気をつけよう。

〝ありがとう〟の「あ」、〝あいさつ〟の「あ」、〝いのち〟の「い」。「あ、い、う、え、お」だ。「う」と「え」と「お」は何だろう。校長先生は、いつ「う、え、お」の話をするのかな。ぼくは、一年生になったら、早く友だちと遊んだり、勉強をしたりしたいって思っていた。でも、それだけじゃなくて、聞きたいことができた。校長先生の「う、え、お」が何か知りたいな。

さあ、みなさん、「あ、い、う、え、お」の「あ」と「い」は何かわかりましたね。残りの「う、え、お」は何だと思いますか。

◇

校長先生の「う」は〝うんどう〟、「え」は〝えがお〟、「お」は〝おもいやり〟でした。みんなでこの五つをどうすれば大切にできるか考えて、行動しましょう。そして、今日の自分は、「あ、い、う、え、お」ができたかなと、振り返ってみましょう。

また、みんなで、「あ、い、う、え、お」をつくるのもよいですね。

◆生きていくために守らなければならないことを教えましょう――向山

「あ」は〝ありがとう〟や〝あいさつ〟の「あ」、「い」は〝いのち〟の「い」、小学校の入学式に、日本中のたくさんの校長先生が話す話題です。

小学一年生＝六歳が、社会的規範を学ぶ臨界年と言われます。それほど大切なことなのです。「あいさつすること」「命の大切さがわかること」など、生きていくために大切なことをこの幼い時期に身につけさせなければなりません。ときには厳しく「いけません」とはっきり伝え、よいことをしたときには、おおいにほめることが大切です。「よいこと」「悪いこと」の判断は、教えなければ身につきません。「なぜこんなことがわからないの？」と言わず、「それは、やってはいけないことなのよ」と言えばよいのです。そのほうが子どもの脳にシンプルに入ります。

大人が、「よいこと」「悪いこと」をしつけられる力をもたねばなりません。

第11話

「仮面ライダー」人気の秘密

いいかげんなことをしたときは……

★★

オートバイに乗って颯爽《さっそう》と登場。

身軽にジャンプし、力強いキック。

普段は人間の姿をしているが、

「変身！」

このかけ声で現れる。もう分かりましたね。

そう、仮面ライダー。

◆

皆さんは「仮面ライダー」を知っていますね。「仮面ライダー」が初めてテレビで放映されたのは、いまから三十年前です。仮面ライダーや怪人の着ぐるみに入ってアクションを演じていたのは、大野剣友会という会社の人たちでした。

大野剣友会は、それまで時代劇などの立ち回りを演じる仕事をしていました。立ち回りというのは、刀で切り合う戦いのことです。ところが、時代劇が昔ほどはやらなくなり、仕事が少なくなってきていました。そこへ「仮面ライダー」という新しい番組の話がありました。大野剣友会の人たちは、それに賭《か》けてみることにしました。

いまでこそ「仮面ライダー」は大人気です。しかし、そのころは子どもたちに人気が出るのかどうか、まったく見当がつきませんでした。そのころ子どもたちに人気だったのは「ウルトラマン」などの巨大なヒーローが怪獣と戦うといった番組だったのです。人間と同じ大きさのヒーローが、街のなかで怪人と戦って、はたして迫力があるのだろうかと心配されていたのです。

しかし、いざ番組が始まってみると、これが大成功でした。ウルトラマンにはない、ジャンプしたりキックしたりといったすばやい戦いや、変身ポーズ、オートバイのアクションなどで、たちまち大人気になったのです。小学生のあいだでは仮面ライダーごっこが大流行しました。

大野剣友会の人たちは、子ども番組だからとばかにすることなく、一生懸命迫力あるアクションを演じました。アクションシーンの撮影中、お互いのパンチやキックが強く当たって、怪我をすることはしょっちゅうでした。歯を折ることも珍しくありません。

高いところから飛び降りるシーンでは、下に大きなマットを敷きます。その上にうまく飛び降りなければなりません。仮面ライダーの仮面は、じつはとても視界が狭いのです。あの大きな目の部分からは、じつは外は見えません。目と口のあいだにわずかなスペースが開いていて、そこから外を見るようになっています。仮面を被《かぶ》っていなければ、十何メートル下のマットもきちんと見ることができます。しかし、仮面をつけていると、マットもよく見えません。といって、下ばかり向いていたのでは仮面ライダーのかっこよさが出ません。よく見えなくてもカンと度胸で飛び降りたということです。

仮面ライダーと怪人たちとの戦いのシーンでは、高い橋の上から下の川に飛び込むシーンもありました。怪人役の人たちのなかには泳げない人もいました。

「私は泳げません、どうしましょう?」

カナヅチ(泳げない人のこと)の人の問いかけに、泳げる先輩が答えました。

「大丈夫だ。俺が必ず助けてやる。川に落ちたら力を抜いてじっとしてろ」

カナヅチの人はその先輩の言葉を信じ、仮面ライダーにやられる演技をしたあと、川に飛び込んだそうです。そして約束どおり先輩の人が助けてくれました。

このような一生懸命さが、大人気の番組の秘密だったのです。そして、大野剣友会の人たちは、仮面ライダーのスーツをとても大切に扱っていました。とくに、仮面ライダーの仮面を地面の上に直接置くというようなことは絶対しなかったそうです。

「自分たちはこの仮面のおかげでご飯を食べていける。この仮面に食わせてもらっているのだ」という感謝の心をもち、仕事に取り組んでいたからでした。

このように物を大切に一生懸命仕事に取り組んできた人たちがいたからこそ、三十年たったいまでも、「仮面ライダー」は子どもに大人気の番組として続いているのでしょう。

一生懸命頑張ること、物を大切にすることは、大きな成功をもたらしてくれるのです。

◆「一生懸命さ」と「物への愛情」を身につけさせましょう——向山

「仮面ライダー」の人気の裏には、こんな秘密があったのです。かっこいいアクションも必死に頑張る努力から生まれたものだったのです。泳げない人が川に飛び込む勇気、先輩との絆《きずな》も、子どもたちに伝わることでしょう。

野球のイチロー選手が、道具の手入れに時間をかけることはとても有名な話です。一流の仕事をする人は、使ったものを大切にするのです。となりの大工のおじさんは大工道具を、近くのお寿司屋のおじさんは包丁とまな板、お母さんが通っている美容院のおばさんははさみを……。

この「仮面ライダー」のお話からも、道具を大切にする一流の仕事ぶりが伝わってきます。

中学年、高学年になるころ、せっかく低学年で身についたお片づけの習慣や学習用具のあと片づけ、手入れの習慣が崩れかかります。興味の広がりとともに、面倒になってしまうのです。一度習慣が崩れてしまうと、もう一度身につけるには、たいへんなエネルギーが必要になります。

折に触れ、こうした話を聞かせ、物を大切にする習慣を定着させていかなければなりません。

第12話

ライオンを助けたネズミ

自分の力を信じられる子どもに育てたいときは……

★

みなさんは、ライオンとネズミ、どちらが好きですか。

ライオンは、たてがみがあるから、かっこいい。「百獣の王」といわれているから、こっちがいいな。走るのが速そうで、強そうだな。

ネズミは、小さくてかわいい。ハム太郎と親戚の「ネズミ科」になっているから、こっちがいいな。目がくりくりしていて、すばやく動けそうだな。

ライオンが好きな人、ネズミが好きな人、いろいろいますね。

では、ライオンとネズミ、どちらが強いですか。みなさんの答えでは、ライオンが強いと言った人が多いでしょうね。でも、こんな話があります。

◆

あるとき、ネズミが草原を散歩していました。外はぽかぽか陽気で、とってもいい天気。

お日様が笑っています。風が歌ってネズミにごあいさつ。ネズミも、うれしくなってしまいました。

ドシン！　うっかりよそ見をしていて、何か大きなものに当たりました。

「あいたたたた。せっかくいい気持ちで散歩していたのに。だれだい？　大きなごわごわしたものを置いたのは」

あら、たいへん。見ると、昼寝中のライオンに、うっかりぶつかってしまったのです。

「こちらこそ、いい気持ちで昼寝をしていたのに、よくも邪魔をしたな。食べてしまうぞ！」

パックリ食べられてはたいへんです。ネズミはブルブル震えました。

「それだけは、許してください。助けてください、王様。そのうち、きっと、あなたの役に立ちますから！」

「お前が、わたしの役に立つだと？　わたしの爪《つめ》の先でペチャンコに潰せそうなくらい、ちっぽけなお前が、わたしの役に立つはずがないではないか。わたしは百獣の王のライオンだぞ」

ライオンはばかにしたように笑いました。

「食べないでください。食べてもお腹いっぱいにはならないし、おいしくありませんよ。命を助けてくださったら、絶対に王様にご恩返しをいたしますから！」

ネズミは冷や汗をたらしてブルブル震えながら、一生懸命お願いしました。

「よし。そこまで頼むのなら許してやろう。小さなお前がわたしを助けることなど、ありえないが、わたしは王だからな」

あんまり、一生懸命頼むので、お腹のすいていなかったライオンは、ネズミを食べずに許してやりました。

体の長さが二メートル以上のライオンに、体の長さは十センチメートル、しっぽの長さを入れても二十センチメートルほどしかないネズミが役に立つなんて、ほんとうにあるのでしょうか。

ある日のことです。ライオンが草原を歩いていました。

バサッ。なんということでしょう。ライオンは猟師の仕掛けた罠《わな》にかかってしまったのです。罠から逃げようとライオンがもがけばもがくほど、罠はこんがらがって動けません。

「なんということだ！　ライオンのわたしがこんな罠から逃げられないなんて……」

そこへ、ネズミが出てきました。

罠の綱を少しずつかじって、時間をかけてライオンを罠から救い出しました。
「この前は命を助けていただきました。その恩返しです。どうです。役に立ったでしょう」

強そうだからといって強いわけではありませんね。弱そうだからといって弱いわけでもありませんね。人それぞれ得意なことは違います。あなたの得意なことはなんですか。

（参考文献：『イソップ物語』）

◆

◆「あなたならできるよ」の一言が、子どもに勇気を与えます——向山

イソップのお話から、わたしたちはたくさんのメッセージを受け取ります。この「ライオンとネズミ」のお話も、とても有名なお話です。

どんな者にもそれぞれにすばらしい力があるというメッセージを受け取る人もいれば、親切にすれば恩返しが思わぬところで受けられると解釈する人もいることでしょう。強さや弱さなどというものはときと場合によることで、自分にもきっとビッグ・チャンスが回ってくる、と密《ひそ》かに勇気をもらう人もいることでしょう。

いずれにせよ、ここでは「謙虚」にことに当たれというメッセージを受け取ってほしい

ものです。子どもたちには、「友だちをばかにしてはいけないよ、だれもが大きな力をもっているよ」と伝えましょう。学校での子どもたちのトラブルは、「ぼくをばかにした」という訴えから起こることが多くあります。

「そんなこともできないの?」という親の一言は、思っている以上に子どもの心を傷つけ、わが子の、他の子への対応となって現れます。同じ一言でも、「大丈夫、あなたならできるよ」と言葉をかけましょう。

第13話

ブドウ畑の宝物

頑張ってもすぐに結果が出ないときは……

★

お父さんと三人の息子たちがいました。四人は広いブドウ畑をもっていました。四人とも真面目で、たいへんな働きものでした。

ある日のこと、お父さんは病気になってしまいました。子どもたちは一生懸命看病しましたが、なかなか病気はよくなりません。

自分の命が残り少ないことを、お父さんは悟ったのでしょう。子どもたちを枕元に呼ぶと、言いました。

「お前たち、これまで一生懸命わたしの看病をしてくれてありがとう。だが、わたしはそろそろ神様のもとへといくときが近づいてきたようだ」

お父さんの言葉に、

「何を言うんです、お父さん」

「そうですとも、気をしっかりもって下さい」

息子たちは励ましました。

お父さんは続けました。

「いや、自分の体のことは、自分がいちばんよくわかる。わたしが神様のもとへいく前に、おまえたちに伝えておきたいことがある」

「何でしょうか？　お父さん」

「実は……、あのブドウ畑には宝が埋まっているのだ」

「何ですって!?」

三人の息子たちは驚きました。

あの畑に宝が埋まっていたなんて!

初めて聞く言葉です。

「いったい、畑のどこに埋まっているのですか」

「それは……」

お父さんは言いかけましたが、その先は言葉になりませんでした。

お父さんは天へと召されてしまったのです。

「あの広い畑の、一体どこに宝が埋まっているのだろう?」

お父さんのお葬式を済ませると、三人の子どもたちは宝のことが気になって仕方なくなりました。それからというもの、子どもたちは三人で分担して広い畑のあっちこっちを掘り返しはじめました。

一カ月ほどで畑中を掘り返し尽くしましたが、ついに畑から宝は見つかりませんでした。

「どうなっているんだ?」

「たしかにお父さんは宝が埋まっていると言ったのに……」

あの言葉はうそだったのでしょうか？

やがて子どもたちは宝をあきらめ、またせっせと畑仕事に精を出しました。

秋になりました。ブドウ畑には今年もたくさんのブドウがなりました。いままでのどの年よりもすばらしいブドウがたくさんたくさんなりました。それらを町へもっていくと、とても高い値段で売れました。三人の元にはたくさんのお金が入ってきました。

「そうか、わかったぞ！」

ある日、息子の一人が言いました。

「畑の宝の意味がぼくにはわかったんだ！」

「ええ？　一体どういうことなんだい？」

あとの二人が聞きました。

「お父さんが宝が埋まっていると言ったのは一生懸命、畑仕事をしろということだったのさ。そうすれば、立派なブドウがたくさんとれる。それがぼくたちにとっての宝ということなんだ。てっきり畑の下に何かが埋まっているものだとばかり思っていたけれどそれは違っていたんだ。今年はぼくらが宝さがしで畑をあちこち掘り返したのが、たくさん畑を耕したことになって、ブドウがたくさんとれたのさ」

その説明を聞いて、二人も納得しました。

その次の年も、三人は一生懸命畑の土を掘り返しました。宝をさがすためではありません。秋にまたすばらしいブドウを手に入れられるよう、一生懸命耕したのです。

一生懸命頑張ると、いいことがありますね。

◆目に見えない努力を続ける力を与えてやりましょう――向山

くだもの、野菜、お花、お米、育てるものの世話はどれも、毎日手を抜くことはできません。みのりを目にするまで、安心はできません。人は目先のことに捕らわれがちです。いま頑張ったことが、すぐかたちになるとはかぎりません。

この話は、なかなか努力が結果につながらないときに頑張る元気を与えることでしょう。子どもが頑張っているのなら、結果が出なくても責めてはいけません。ブドウ畑のお父さんのように、「宝物が埋まっている」と子どもを励ますのです。目に見えない努力こそ、貴重な宝ものでもあります。

親のゆとりが、子どもを伸ばす条件でもあるのです。

第14話

いたずらの告白

「お母さんなんて嫌いだ」と言ったときは……

★

みなさんのなかには、きょうだいげんかをしたり、おもちゃを片づけなかったり、約束を守らなかったりして、お父さんやお母さんに叱られたことがある人もいるでしょう。そんなとき、「どうして、ぼくだけ叱られるの」「妹だって、悪いのに」と思ったことはありませんか。そして、心のなかで「お父さんのばか」「お母さんなんて嫌いだ」と叫んだことがあるかもしれませんね。

では、なぜお父さん、お母さんはあなたのことを叱るのでしょうか。今日は、そのことを考えてみましょう。

◆

これからするお話は、ちょっと昔の中国でのできごとです。

サンサン少年は、町からずっと離れた村の学校に住んでいました。サンサンのお父さんは、校長先生をしていました。学校のなかに住んでいると、遅刻はしないのでゆっくり寝ていられるなど、便利なこともあります。でも、サンサンにとって窮屈なこともありました。サンサンは、とてもやんちゃで家でも学校でもいたずらばかりしていました。けんかもしました。二階の床穴からおしっこをして妹のベッドを汚したこともありました。あるときなどは、家からマッチを持ち出して火遊びをし、積んであったわらに火が燃え移り、もう少しで火事になりかけたこともありました。校長先生でもあるお父さんは、そんなサンサンに対して厳しく叱りました。しかし、サンサンは自分が火遊びをしたとは言えず、正直に謝ることができませんでした。

あまりにもいうことを聞かないサンサンに、お父さんはがっかりすることもありました。

ある日、サンサンは病気になりました。だんだん元気がなくなり、ついに自分で歩くこともできなくなりました。厳しく叱っていたお父さんでしたが、彼を背負って何時間も歩きつづけて、ようやく遠く離れたとなりの村にいるお医者さんに行きました。しかし、医者は「治らない」と言います。ようやくたどり着いたお医者さんですから、治したいと思っているお父さんは、大きな声で言いました。

「あんたは、医者じゃないか。人を救うのが仕事だろ」

「お父さん、落ちついて」

「落ちついていられるか。この子をこの世界に連れてきたのはわたしだ。大人になるまで見守る義務があるんだ。治してみせる」

そう言って、医者をあとにしました。

サンサンに厳しいお父さんでしたが、かわいい息子のために、どんなに遠くても何軒も何軒も彼を背負って歩きつづけました。しかし、どの医者も首を横に振るばかりでした。もうだめだとあきらめそうになったとき、一人の老人に出会います。その老人は、サンサンを丁寧に診て、苦い薬だが飲みつづければきっと治ると言い、薬をくれました。その帰り道、息をぜいぜいさせながら、サンサンは、火遊びをしたのは自分だと話すことができたのです。それを聞いてお父さんは、黙ってうなずきました。

その日から、薬を一日でも飲み忘れてはいけないと老人に注意されたお父さんは、サンサンのために毎日薬を飲ませつづけました。そのおかげで、サンサンの病気はしだいによくなっていきました。

◈

お父さんやお母さんは、どうしてあなたを叱るのでしょうか。

サンサンは、病気になって気づいたことがありました。それは、お父さんがぼくのことを嫌いで叱っているのではなく、自分のことを本気で心配していたということです。そのことがわかったから、火遊びをしたのは自分だと正直に話せたのです。お父さんに言わなければいけないとわかっていても、お父さんのほんとうの思いが理解できなかったので言えなかったのです。

あなたのことをお父さんやお母さんが叱るのは、サンサンの場合と同じです。あなたが大好きだから、親としてよいことも厳しいことも辛いことも、みんな丸ごと精一杯言うのです。

だから、「お父さんやお母さんなんて嫌いだ」なんて、もう言いませんよね。

◆子どもは親の愛を感じたとき、素直になります——向山

親の言うことを聞かない子がいます。そんなときは、案外、親御《おやご》さんの愛情が伝わっていないことが多いのです。

このお話では、お父さんが、息子を背負ってお医者さんをさがし回る場面があります。背負われているうちに、お父さんの愛を感じ息子が素直になっていくのです。

小さいころは、一日に一回はぎゅっと抱きしめて、「大好きだよ」とスキンシップすることが大切であると言われます。動物実験でも証明されています。親の体温を感じながらミルクを飲んで育ったチンパンジーは精神的に安定し、はりがねでつくられた親に抱かれて、ミルクを飲んだチンパンジーは、臆病だったり、凶暴だったりするというのです。

子どもに親の愛が届くということは、親が思っているほど簡単ではないのです。言葉にも、態度にも、子どもへのメッセージを込めることが大切です。

第15話

上履き隠し

いじわるをされたとき、いたずらをしたときは……

★

翔《しょう》は今日、同じクラスの裕一とケンカをしてしまいました。

「ぼくは弱虫じゃない。謝れ」

「謝れだって? ほんとうのことだろう」

周りの友だちが二人を引き離したので、とっくみあいにはならずに済みました。でも、仲直りはせずに帰る時間になりました。

あっかんベー。あらあら、裕一が翔に向かって舌を出しています。翔は腹が立ちました。とても悔しかったので、教室のオルガンの後ろに裕一の上履きを隠してから、家に帰りました。

「少し困ればいいんだ。裕一のやつ。明日、学校に来れば、上履きがないって大騒ぎするぞ」

悪いのは裕一だ。翔はそう思いました。

家に帰ってから大好きなゲームをしたり、おいしいおやつを食べたりしました。でも、あんまり楽しくありません。翔の様子がいつもと違っていたのでしょう。お母さんが聞きました。

「どうしたの。学校で何かあったの?」

「ううん。何もないよ」

ケンカをして相手の上履きを隠してきたなんて知られたらたいへんです。翔はあわてて言いました。

お母さんは翔をじっと見つめると、こんな話を始めました。


昔々、あるところに意地悪なキツネが住んでいました。相手のいやがることをするのが大好きでした。カラスはチーズを横取りされたと言って怒り、ヤギは騙《だま》されて井戸に落とされたと言って怒りました。そのたびにキツネは、

「ああ、おもしろい。人のいやがったり、困ったり、怒ったりするのを見るのは楽しいな」

と、大笑いしていました。

ある日のことです。キツネがコウノトリを食事に招きました。コウノトリは喜んでキツネの家に行きました。

「キツネさん。お招きありがとう。おしゃれして来ましたよ。ごちそうしてくれるなんて、なんて親切なんだろう」

キツネは細い目をさらに細くしながらニコニコして言いました。

「来てくれてうれしいよ。いろんな具の入ったおいしいスープを作ったんだ。ぜひコウノトリさんに飲んでほしくてねえ。さあ、どうぞ、家に上がってください」

コウノトリは大好きなスープと聞いて目を輝かせました。でも、出てきたスープは浅い皿に入っています。キツネはピチャピチャ音を立てながら、おいしそうにスープを飲んでいます。

「コウノトリさん、遠慮せずに飲んでください。こんなおいしいスープはないよ」

キツネはにやにやして言いました。

おいしいのはわかります。とってもいい匂《にお》いです。でも、くちばしの長いコウノトリは、皿に入ったスープは飲みたくても飲めません。キツネはその様子を見て、楽しそうに笑いました。

数日後、コウノトリがキツネを食事に招待しました。

「この前はおもしろかったな。コウノトリのあの顔。また、今日もからかってやろう」

キツネが出かけていくと、コウノトリの家から、ごちそうのいい匂いがしました。お腹のすいているキツネは、のどをごくりとならして部屋に入りました。

キツネが椅子《いす》に座って待っていると、コウノトリが食事を運んで来ました。キツネの前に出されたのは、首の細長い壺《つぼ》が一つ。コウノトリは壺のなかのごちそうを長いくちばしでついばみながら、キツネを見て言いました。

「おいしいですよ、キツネさん。あなたもたくさん食べてくださいよ。この前のお礼です」

こうしてコウノトリが食べているあいだ、キツネは何もできずにお腹をすかせたままでした。

「キツネもコウノトリにいやがらせをしなければ、自分もされなかったのに」

「そうね。相手がいやがることをしてはいけないわね。キツネはいままで自分が楽しいから意地悪をしていたわ。でも、コウノトリに同じことをされて、いやな気持ちになったでしょうね。自分がされていやなことは相手もいやなことだとわかったでしょう。それがわかれば、今度から意地悪をしなくなると思うわ」

「自分がされていやなことは相手もいやなの？」

「そうよ。翔はごちそうを目の前で食べられてうれしい？」

「いやだよ。あっ……」

翔は裕一の上履きを隠したことを思い浮かべました。ぼくは上履きを隠されたらいやだな。裕一もきっといやだろうな。いくらケンカをしていてもやりすぎたかもしれない。

明日になったら、早く学校に行って裕一の上履きを戻しておこう。翔はそう思いました。

◆親は落ち着いて、子どもの話をよく聞いてみましょう――向山

小学校では、「靴隠し」はとても多いいたずらです。子どものストレスから起きる、とても不愉快な事件です。靴はたいてい、さがせばすぐに出てきます。となりのクラスの靴箱や、かさ立ての下などに置かれていることが多いようです。

神経質な保護者は、この「靴隠し」が起こると、「うちの子はいじめられている」などと騒ぎ立てます。気持ちはよくわかりますが、少し余裕をもってほしいものです。

この話は、隠した側のお母さんの話ですが、隠された場合も同じような話を聞かせてあげるとよいでしょう。きっと、お友だちとのあいだに、何らかのかたちでトラブルがあったと思われます。相手の立場や気持ちを親子で考えてみましょう。

昔、「たくましく育てる」というお父さんの方針で、「たたかれたらたたきかえせ」「やられたらやりかえせ」と、毎日ケンカが絶えない子がいました。「たくましい子」と「乱暴な子」とは違います。やり返すのでなく、ちょっとの時間、立ち止まって、「なぜこうなったのか」振り返る余裕をもってほしいものです。

第16話

★★

カーネル・サンダースの生き方

できないとすぐあきらめてしまうときは……

学校の成績があまりよくない人、勉強が苦手だから将来は不安だなあ、という人、もうあきらめていますか？　いまの成績が悪いから、大人になって仕事がないんじゃないか、と思いますか？　でも、こんな人もいるんです。

◈

学歴は小学校六年生までしかありません。早くにお父さんを亡くし、工場で働くお母さんの代わりに料理をつくったり、パンを焼いたりしていました。

十歳から農場で働きはじめました。その後、市電の車掌、陸軍に入隊、鉄道の機関車修理工、ボイラー係、機関助手、保険外交員などを転々とし、なんと四十種類以上の職業を経験しました。アメリカの人です。

三十代後半で小さなガソリンスタンドを開きました。周りに住んでいる農民にガソリンを売っていました。

一九二九年、干魃《かんばつ》で農作物がとれないことと、銀行やいろいろな店が潰れたり、物の値段が下がったりするなどのたいへんな混乱が起こり、ガソリン代が集められず、一度目のガソリンスタンドは倒産しました。

一九三〇年、四十歳のときに二度目のガソリンスタンドを開きました。そして、スタンドのすみの小さな物置を改造して、テーブル一つ、座席六つの小さな食堂をつくりました。そして自分でつくった料理を出し、やがて、料理がおいしいと評判になりました。お客さんがおいしい料理を食べるために行列をつくって並ぶようになりました。

四十九歳のとき、食堂が焼けてしまいました。

もう一度、食堂を建て、五十一歳で百四十七席もある大きなレストランに広げました。

その後、近くに高速道路が通ったために、彼の店にお客さんがあまり来なくなり、閉店。レストランは売りに出されました。残った物は、料理に使っていた器具と古い車だけでした。六十五歳のときです。

彼はあきらめたでしょうか。いいえ、残った調理器具と古い車だけという彼の全財産を使って、評判だったチキンの調理方法を教えてまわる商売を始めました。チキンが一羽売れるたびに五セント受け取る取り決めで、アメリカ全土を車で回りながら、調理方法を教えていきました。世界初のフランチャイズ制度の始まりです。

六十五歳で人生の再スタートを切った彼の名は「カーネル・サンダース」。本名はハーランド・サンダース。四十五歳のときにケンタッキー州知事から、名誉称号「カーネル」を与えられました。手作りの味と、人々に対するサービスが認められたのです。

みなさんも一度は目にしたことがあるでしょう。ケンタッキー・フライドチキンのお店の前に立っている、白いひげのおじさんです。サンダース六十歳の姿です。七十三歳を過ぎても、サンダースは世界各国の自分のお店を見て回りました。年間数十万キロメートルの旅になったといいます。日本にも三回来ています。八十二、八十八、九十歳のときです。

現在、ケンタッキー・フライドチキンのお店は、世界八十カ国に一万店以上あります。いまも増えつづけています。日本国内だけでも千店を超えています。

カーネル・サンダースは、一九八〇年、九十歳でこの世を去りました。亡くなる数カ月前にも日本を訪れ、生涯現役で働きつづけました。彼はこんなことを言っています。

「人生は自分でつくるもの。遅いということはない」

いろいろな職につき、自分の築き上げてきた店を六十五歳で失い、そこからあきらめずに立ち上がった人の言葉です。いまの成績だけがすべてではありません。自分を信じて頑張ることが大切です。遅すぎることは、何もありません。

◆子どものよいところを見つけ、伸ばすのは親の役目です――向山

町でよく見かけるケンタッキー・フライドチキンのお店の話です。社会で成功する人には、成功哲学があります。カーネル・サンダースの六十五歳からの出発は、だれをも勇気づけます。「人生は自分でつくるもの。遅いということはない」という言葉の、なんと前向きなこと。子どもに語りながら、大人である私たちの心に響いてきますね。

子どものしつけや、子どもの力を伸ばす話のなかで、「ふろしきの論理」というものがあります。一番高い一点をつまんで引き上げていくと、全体がいつの間にか上がってくるという話です。

カーネル氏も、体験のなかから、「チキンの調理法」の一点を生かして、人生の再出発をしたのです。あれもこれもこだわると難しいことも、まず一つに絞って挑戦すると、案外一歩が踏み出せるかもしれません。親子でフライドチキンを食べながら、こんな会話ができたら親子の絆も深まることでしょう。

第3章

明るい
子どもに育ってほしい

第17話

うんちをするって、きたないこと？

学校でトイレに行けないときは……

★

「きったね～！　さとし、いまトイレでうんちしてただろ。うんちくんだ、うんちくん！」

「学校でうんちするなんて、きたね～よな～」

さとし君は一年生になったばかりです。

いつもは、おうちでうんちをしてから学校に行くのですが、今日の朝はうんちが出ませんでした。それで、一時間目が終わったあと、どうしてもうんちをしたくなったのです。

トイレから出たさとし君を、二人の友だちが待ちかまえていました。

「や～い、うんちくん、うんちくん」

さとし君は、とても恥ずかしくなりました。勉強中も、休み時間も、大好きな給食の時間も、ずっとずっと、いやな気持ちでいっぱいでした。そして、もう学校では絶対にうんちなんてしないようにしよう、と心に決めました。

次の日の朝。さとし君は、学校に行くちょっと前に、お腹が痛くなりました。おうちのトイレで、一生懸命うんちを出そうとしたのですが、どうしても出ません。

「どうしよう、どうしよう」

さとし君は昨日、学校でうんちをするのはやめようと決めたのです。だから、このままじゃ学校に行けません。さとし君は、お母さんに言いました。

「ぼく、今日学校に行かない」

「えっ？　どうしたの、さとし？」

「だって、お腹、痛いから」

「うんちはしたの？」

「だって、出ないんだもん……」

「いま出なくても、学校に行けば出るわよ。さあ、早く学校に行きなさい」

「だって……だって……学校でうんちをするとね……」

さとし君の目から、急に涙があふれました。

その日、さとし君は学校を休みました。そしてお母さんに、昨日学校で友だちに言われたことを、全部話しました。お母さんは言いました。

「さとし。昨日、そんないやなことがあったのね。でもね、お母さんもね、小さいころ、同じようなことがあったのよ」

「え、ほんと？」

さとし君は驚きました。お母さんは言いました。

「ほんとうよ。でもそのときね、先生がこういうお話をしてくれたの。

みなさん、お腹に両手をあててごらんなさい。そのお腹のなかには、何が入っていると思いますか？　そう、うんちが入っていますね。一人一人、全員のお腹のなかに、うんちは必ず入っています。今日うんちをしてきた人のお腹にも、まだ残ってるんですよ。もちろん、先生のお腹のなかにも、ちゃ～んと、うんちが入ってます。みんなや先生だけじゃないですよ。校長先生のお腹にも入ってる。テレビに出てるアイドル歌手のお腹にも入ってる。プロ野球選手のお腹にも入ってる。総理大臣のお腹にも入ってる。み～んな、お腹にうんちが入ってる。

　うんちって、きたないと思う？　そうだね、ちょっときたないね。でもね、『うんち』はきたないけど、『うんちをすること』は、きたなくないよね。だって、きたないものを体の外に出したら、体のなかはきれいになるんだよ。そうでしょ？　だからね、うんちをするのって、きれいなことなんだよ。

うんちをしないままでいると、お腹のなかのうんちはどうなっちゃうと思う？　うんちはどんどん固くなってきてね、おしりから出なくなっちゃうんだよ。そういうのを便秘って言ってね、おなかが痛くて痛くて、たまらなくなるんだよ。もしそれがずうっと続くとね、たいへんな病気になっちゃうんだよ。だから、うんちは我慢しないで、したいときにすぐ、したほうがいいんだね」

お母さんの話を聞いて、さとし君は、なんだか安心しました。

その次の日。さとし君は、元気に学校に行きました。そして、ちょっと友だちが気になりましたが、それでもトイレに行って、うんちをしました。うんちをしてスッキリしたさとし君は、となりのトイレにもだれかが入っているのに気づきました。どうやら、うんちをしているみたいでした。そのとびらから出てきたのは、この前さとし君をからかっていた、あの友だちでした。あれ？　そのまたとなりでも、だれかがうんちをしてるみたいですよ。そのとびらが開いて出てきたのは、なんとクラスの先生でした。先生が「あ～、スッキリしたっ」といったので、さとし君も、友だちも、先生も、大笑いになりました。

◆トイレの使い方と体の仕組みを、一緒に教えましょう――向山

新聞にも、学校のトイレに行けない子が増えているという話題が載っていました。

この話のように、「冷やかされるからいやだ」ということに加えて、家庭では洋式トイレが増え、学校の和式トイレの使い方がわからないという問題も起こっているのです。

学校では、年齢に応じて、なるべく休み時間にトイレに行くよう指導をしていきますが、入学当初は、授業中にもトイレに行く時間を設定し、粗相がないように配慮しています。

ご家庭で、このお話のように、「トイレは、だれもが行くところだということ」「うんちをすることは大切なこと」「恥ずかしいことではないこと」を話して聞かせることが大切です。同時に、トイレの使い方についても、ご家庭でしっかりしつけてほしいものです。便器の前での位置、トイレットペーパーの使い方、水洗の流し方など、教えなければ子どもはできないのです。

トイレについても、明るく子どもたちに伝えるべきことがたくさんあります。

第18話

よかったさがし
自分だけが不幸せだと思うときは……

★★

子どものときに見たテレビのアニメに、「愛少女ポリアンナ物語」という話がありました。見たことがある人もいるかもしれません。

その物語は次のような内容でした。

一九二〇年のアメリカ西部の小さな町に、八歳になるポリアンナという一人の少女が住んでいました。ポリアンナは、四歳のときにお母さんを亡くしていたため、教会の牧師をしているお父さんのジョンと一緒に、貧しいながらも慎《つつ》ましやかに二人で暮らしていました。元気でいつも明るいポリアンナのたったひとつの心配は、お父さんのジョン牧師が病気がちだったことです。

ジョン牧師は、やさしいお父さんでしたが、ポリアンナが人の悪口を言ったときには厳しく諭し、〝よかったさがし〟をするように言うのです。〝よかったさがし〟というのは、お父さんとポリアンナが始めたゲームでした。お母さんのジェニーが亡くなり、お父さんとポリアンナの二人で寂しく暮らしていたころ、お父さんとポリアンナは、聖書のなかに書かれている「喜び」や「楽しみ」を一緒に探したのです。そのおかげで、ポリアンナは字を覚え、数を数えることができるようになったのです。

「いいかい、ポリアンナ、これからは、聖書のなかだけでなく、毎日のいろいろなことのなかから、喜びをさがしてごらん。きっとどんなことにも、〝よかった〟と思えることがあるはずだよ」

それ以来、ポリアンナは、身の回りのできごとのなかから〝よかった〟をさがすようになったのです。

その後、お父さんは、ポリアンナを置いて亡くなってしまいます。ジョン牧師の遺言書には、ポリアンナのお母さんの妹に当たるパレー・ハリントンという名のおばさんがアメリカ東部のベルディングスビルという町におり、ジョン牧師に万が一のことがあったら、そこに預けるように書かれていました。しかし、ポリアンナは、そんなおばさんがいることをまったく知りませんでした。

一方、ベルディングスビルのハリントン家では、ポリアンナを預かってほしいという手紙を受け取ったパレーが、たいそう怒っていました。パレーは、姉や自分の一家を不幸にした張本人のジョン牧師を憎んでいたのです。姉のジェニーがジョン牧師と結婚するまでのハリントン家は幸せだったのに、貧乏なジョン牧師とジェニーが駆け落ち同然で西部に旅立って以来、ハリントン家には次々と不幸が訪れたからです。しかし、身寄りのないポリアンナを引き取らないわけにはいきません。

そのため、パレーはポリアンナに厳しく当たりました。お父さんを失ったポリアンナは、そんな寂しい境遇にも負けることなく、〝よかったさがし〟をしながら明るく強く生きていくのです。

ポリアンナの〝よかったさがし〟は、こんな具合です。

ハリントン家に着いてポリアンナが案内されたのは、屋根裏部屋で、カーテンも絨毯《じゅうたん》も額縁《がくぶち》もなく、ベッドと小さなタンスがあるだけの惨めな部屋でした。しかしポリアンナは、窓から見えるすてきな景色を見て、「見て見て！　まるで絵みたいだわ。これなら額なんかいらないわ」。

岩山に行って夕食に遅れたポリアンナに腹を立てたパレーおばさんが、罰として台所でパンと牛乳だけを与えたときのことです。「よかった。だって、わたし、パンも牛乳も好きよ。それにこのパンは、教会のパンよりおいしかったからうれしかったのよ」。

　ポリアンナは散歩をするのが好きでした。ある日ポリアンナは、町で怖そうな犬を連れた一人のおじさんを見かけます。この人は町の人から変わり者と呼ばれているペンデルトンさんでした。ペンデルトンさんは、もう十何年も、だれとも口をきいたことがなかったのです。その日から毎日、ポリアンナは、根気よくペンデルトンさんに声をかけつづけました。

　それから十日ほど過ぎたある日のこと、ポリアンナが、今日も声をかけると、とうとうペンデルトンさんは怒りだしたのです。ところがポリアンナは、おびえるどころか、おじさんが返事をしたことを喜び、「おじさんって、いい人だと思っていたけど、やっぱりそうだったのね」と言うのです。そう言われたペンデルトンさんは、少し明るさを取りもどしたように去っていきます。

　ある日、森のなかで足を折ってしまったペンデルトンさんをポリアンナが助けました。そのときもポリアンナは、「折れたのが両足でなくてよかった」と、ペンデルトンさんを慰めるのでした。そして、ポリアンナと話しているうちに、ペンデルトンさんはとても愉快な気持ちになってくるのでした。

あんなにポリアンナを嫌っていたパレーおばさんも、ポリアンナの明るさと〝よかったさがし〟によってポリアンナを愛するようになり、ポリアンナが車にはねられて歩けなくなってしまうかもしれない状態になったときには、「お願いです、先生。わたしは、どうしてもあの子を元どおりの元気なポリアンナにしてやりたいのです。このハリントン家の財産をすべてつぎ込んでも」と、医者のチルトン先生に頼んだのです。

このポリアンナの〝よかったさがし〟は、周りをしだいに明るく変えていってしまうのでした。

〝よかったさがし〟、あなたもぜひやってみて下さい。

◆感謝の表現は、周りの人を明るい気持ちにさせます――向山

最近の子どもたちには、感謝の心が育っていません。

たとえば、昔の生活を知るために、七輪《しちりん》でおもちを焼く体験をしたときのことです。おもちをこんがりと焼き上げ、しょうゆをかけて食べました。「おいしかった」とも言わずに、「もっとないの?」「黄な粉もちは?」「大根おろしは?」という声があがります。昔の体験どころではありません。

いまの子どもたちに、何が足りないのでしょう。昔は、おばあさんが、朝日に向かって手を合わせる姿とともに、その背中から「お天道様《てんとう》のおかげ」という感謝の言葉や心を学んだものです。

小さなころに親子で、声に出して感謝する気持ちを表す習慣を身につけたいとつくづく思います。朝のまぶしい太陽の日差しに感謝し、一緒に入ったお風呂の温かさに感謝し、夕焼けの美しさにも感謝できる、そんな気持ちを表せる子どもに育てたいものです。

第19話

「おはよう」はおまじない

新しい生活が始まるときに……

★

おうちで使う「あいさつ」は、全部でいくつあるか知っていますか。

答えは八つです。①「おはよう」、②「いただきます」、③「ごちそうさま」、④「行ってきます」、⑤「行ってらっしゃい」、⑥「ただいま」、⑦「お帰りなさい」、⑧「おやすみなさい」。

そのなかでも、一日の最初に言うのが「おはよう」です。「おはよう」という言葉は、すてきな魔法の言葉なのです。そんなお話です。

◈

うさぎのラビちゃんは、今日から小学生。大きなピンクのランドセルを背負ってお母さんと学校へ行くところです。

「小学校ってどんなところかな」

ラビちゃんはドキドキしてきました。おまけに足が石みたいに重くなって、思うように前に進めません。

「ラビちゃん、ドキドキしたときのおまじないを教えてあげるね」

お母さんがやさしく言いました。

「先生にも、お友だちにも、教室さんにも、お花さんにも、『おはよう』って言ってごらんなさい。きっと、ドキドキがなくなっちゃうから」

ラビちゃんは不思議でした。

「どうして『おはよう』がおまじないなのかしら？　おかあさんたら、へんなの！」

そんなことを考えているうちに、いよいよ学校の門が見えてきました。ラビちゃんのドキドキはますます大きくなります。となりにいるお母さんにも聞こえているんじゃないかと思うくらいです。

するど、突然お母さんが言いました。

「桜の木さん、おはよう。今日からうちのラビをよろしくね」

「こちらこそよろしく。ラビちゃんが来てくれて、わたしもうれしいよ」

桜の木がニコニコ笑って答えてくれました。それを見ていたラビちゃんは、何だかとてもうれしくなりました。

門を入ると、犬のケンくんが走ってきます。ラビちゃんは大きな声で、

「おはよう、ケンくん」

と言いました。

「おはよう、ラビちゃん」

ケンくんの声を聞いて、ラビちゃんはもっとうれしくなりました。

靴箱のところに、大きなクマ先生が立っています。ラビちゃんはさっきより大きな声で、

「おはよう、先生」

と言いました。

「おはよう、ラビちゃん」

クマ先生の声を聞いて、ラビちゃんはもっともっとうれしくなりました。

お母さんが言いました。

「どう、ラビちゃん。おまじない、きいたでしょう」

ラビちゃんはびっくりしました。ほんとうです。気づいたらドキドキはなくなっていました。そしてかわりに、わくわくした気持ちでいっぱいになっていました。

「お母さん、『おはよう』って、ほんとうにおまじないだったね」

ラビちゃんはピョンピョン飛び跳ねながら、教室に入っていきました。

あなたもラビちゃんのおまじない「おはよう」を、試してみてね。

◆

◆あいさつには新しい友だちをつくる力があります――向山

子どものしつけは、「あいさつ」「返事」「自分の脱いだ靴をそろえること」。この三つが大切であると、偉大な教育者の森信三先生が言われています。

下町の子どもと山の手の子どもと、どちらが「おはよう」のあいさつが身についていると思いますか？　人なつこい下町の子どもたちです。

それは、朝、学校に登校してくるまでに、あちこちのおじさん、おばさん、おじいさん、おばあさんたちに会うからだというのです。地域ぐるみで、「おはよう」のあいさつが飛び交うのです。その点、住宅街を通ってくる子どもたちは、あまりご近所の方と会うことがないようです。同じマンションのエレベーターで会っても、会釈ひとつ、あいさつひとつしない大人のなんと多いこと。

「おはよう」のあいさつは、知らない人にも気軽にかけられ、新しい友だちをつくる力をもっています。でも、あいさつは、思っているよりずっと難しいものです。自分の子どもはできていると思っていても、実際には案外やっていないものなのです。あいさつが自然に出てくるようになるよう、ラビちゃんのお母さんのように、お子さんの前で、手本を示してやることが大切です。あいさつは幸運を運んでくれる、と子どもたちに伝えましょう。

子どもたちのこうした環境は、大人がつくるのです。

第20話

これからも友だち

友だちが引っ越すときは……

★★

みなさんはお友だちはいますか？　何人くらいいますか？　その友だちはあなたのことを友だちと思っていますか？　ずっと友だちでいられる自信はありますか？

いまから二人の仲よしさんの話をします。ある日、この仲よしさんに問題が起こってしまうのです。

◈

学校からの帰り道、二人は、仲よくおしゃべりをしながら歩いています。この二人は、幼稚園のころからの仲よしの裕子さんと美佐さん。いつも一緒です。

ある日、美佐さんが話しはじめました。

「わたし、引っ越しが決まったの。遠くへ行くんだ」

「えっ」

裕子さんは、びっくりしてしまいました。

「同じ中学に行くって約束したじゃない」

「そうなんだけど、ごめんね」

二人は何も話せなくなってしまいました。

裕子さんは、離れてしまったら美佐さんと友だちでいられないと思い、悲しくなりました。

美佐さんは、思いました。離れていても、友だちは友だちだよ。それは変わらない、と考えました。これからもずっと友だちでいたいなあとも考えました。

次の日、美佐さんは裕子さんに言いました。

「これからも友だちだよ」

裕子さんはびっくりしています。でもちょっと考えてから、

「うん」

と答えました。うれしそうです。

◈

二人はずっと仲よしでしょう。ちゃんと、相手のことを考え、気持ちを伝えることがで

きるからです。自分のことしか考えられないと、大切な友だちという宝物をなくすところでした。

みなさんは、生まれてからいままでに何人の人と出会ったか、数えたことはありますか？　世界中には、六十億人以上の人々が生活しています。みなさんの住んでいる日本にも、一億人以上の人々が生活しています。

その全員の人と出会うことなんて、とても無理なことです。住んでいる県の人々、全員に会うこともたいへんなことだし、町中の人々に会うのも難しいことです。

そんななかから、出会ったみなさんは選ばれた人たちなのです。きっと神様が、出会いなさい、きっといいことがありますよ、と出会わせてくれたのです。

人と人とが出会うということは、とても不思議で幸せなことだと思います。

仲よくなった友だちは、これからの大切な友だちです。クラスが一緒、学校が一緒ということは関係ありません。友だちは離れていても友だちです。相手のことを思う気持ちがあれば、ずっと友だちでいられると思います。

出会いを大切にするとは、相手のことを思って行動するということです。せっかく友だちになれたのだから、その人のよいところをたくさん見つけていけるといいですね。ひとつひとつの出会いを大切にして下さい。そして、一生の友だちと呼べる友だちをたくさんつくって下さい。そうすると、楽しいことがたくさんあると思いますよ。

◆人生で出会う人は、自分のために選ばれた人です――向山

大人になると、「人との出会いのすばらしさ」を実感することでしょう。世の中の数からすれば、その人とは奇跡的な確率で出会っているということになります。また、出会う必要があって、その人と出会うという説もあります。通り過ぎていくだけ、すれ違っていくだけの人もたくさんいます。

人の出会いの神秘を子どもと語り合い、「出会い」を大切にできる気持ちを育てたいものです。だれにでもやさしく、気持ちのよい接し方ができることにつながることでしょう。

第21話

トルシエ監督の選択

自分の思いどおりにならないときは……

★★

二〇〇二年六月、日本と韓国でワールドカップが開かれました。ワールドカップは、四年に一度開かれるサッカーの世界大会です。当時、日本には、同じポジションを争う中田英寿《ひでとし》、小野伸二、中村俊輔《しゅんすけ》という有名選手がいました。日本代表選手に選ばれるのは、二十三人と決まっています。だれが日本代表に選ばれるのだろうと、マスコミは毎日のように騒ぎたてました。

日本代表選手発表の日、中村選手の名前がありませんでした。

「まさか、中村選手が落選するとは……」

だれもが驚きました。なかには、トルシエ監督を非難する人もいました。

ワールドカップが終わり、中村選手の落選の理由を、トルシエ監督はあるテレビ番組でこう語りました。

「わたしは、中田、小野、中村の三人のうち、一人をはずさねばならなかった。ベンチになったときの中村のうつむいている姿を見たら、彼にワールドカップを任せられないと思った」

中田選手も小野選手も、試合に出ることができずベンチにいるときがありました。しかし二人は、ベンチにいるときも試合に出ているメンバーに向かって身をのりだして応援したり、指示を出したりして、声をかけていたそうです。その姿をトルシエ監督は見ていたのですね。

あなたも、自分が選ばれると思っていたのに、選ばれなくて悔しい思いをしたことはありませんか？　自分の思いどおりにならなかったとき、いやな顔をしたりふてくされた行動をとったりした経験はありませんか？

四月になると、新しい学年、新しい先生、新しい友だち……と、新しいことが増えます。クラブ活動もそのひとつです。大輔《だいすけ》君は、憧《あこが》れていた野球クラブに入ろうと前々から決めていました。

始業式の次の日、クラブ活動の希望調査がありました。もちろん第一希望に野球クラブと書きました。大輔君と仲のよいお友だちも、みんな野球クラブを希望しました。

次の日、先生から、

「野球クラブに希望する人がたくさんいて、人数にかたよりが出ました。ほかのクラブに移る人はいませんか？」

と、きかれました。

「お友だちと離れたくないし、ほかのクラブに移るなんて考えられないよ」

と、大輔君は言いました。だれもほかのクラブに移るのを希望しません。結局、じゃんけんで決めることになりました。

「じゃんけんぽん。あっ、負けちゃった」

大輔君はじゃんけんに負けてしまいました。

「いやだよ。ほかのクラブに移りたくないよ」

大きな声で大輔君は言いました。じゃんけんで決まったことは仕方ありません。大輔君は、第一希望でないバスケットボール・クラブに入ることになりました。

第一回目のクラブ活動の日、大輔君は朝から元気がありませんでした。

「いつも元気な大輔君なのに、今日は、どうして元気がないの？」

と、充《みつる》君が声をかけました。充君も、じゃんけんに負けてバスケットボール・クラブに移動することになっていました。

「だって、ぼくは野球クラブに入りたかったんだ。バスケットボール・クラブなんて……」

大輔君はこたえました。

「ぼくも野球クラブに行きたかったけど、入ることができなかったことをがっかりしてないよ。バスケットボール・クラブで新しいことを学べると思えば、わくわくしてくるよ。

大輔君も気持ちを切り替えたらどうかな」

「気持ちの切り替えか……。そうだね。いつまでも落ち込んでいられないね。ぼく、バスケットボール・クラブで頑張ってみるよ」

もともとスポーツ好きな大輔君なので、気持ちが前向きに切り替わることでバスケットボール・クラブでも活躍することになりました。

生活するなかで、いつも自分の思いどおりになるとはかぎりません。思いどおりになるほうが少ないくらいです。大輔君のように自分の希望どおりにならないときは何回もあるでしょう。そういうときこそ、いつまでも落ち込んでいないで気持ちを切り替えてみてはどうでしょうか。前向きに取り組むことで、新しい自分を発見できるかもしれませんよ。

ワールドカップに出られなかった中村選手は、その後気持ちをうまく切り替えたのでしょう。いまはイタリアで大活躍をしていることを、最後につけ加えておきます。

◆気持ちを切り替えて、いまできることに目を向けさせましょう――向山

スポーツに限らず、自分の力が認められなかったり、なかなか自分の力が発揮できないことはよくあることです。このお話に出てくるトルシエ監督の言葉には、だれをも納得させる力があります。それは、苦境に立ったときのそれぞれの選手の態度や行動から発せられたことだからです。

苦境のなかで頑張ることは、たいへんなことです。有名選手たちの頑張る姿を、クラブで頑張る大輔君の姿を、子どもたちに伝えることで、「いまできることを頑張る」ことの大切さや意義が見えてくることでしょう。「気持ちの切り替え」や「周りとの和」などは、大人でさえ難しいことです。

前向きな選手の姿を見て、子どもたちはきっと自分の行動を振り返ることでしょう。いつも自分を見てくれる人がいるということも実感できることでしょう。

第22話

「笑い」の力

不安で落ち込んでいるときは……

★★

みなさんは、いつも笑っていてとってもすてきですね。しかも、人をバカにして笑っているのではないですね。人をバカにするような「笑い」は絶対にしてはいけないことです。しかし、面白いことや楽しいことがあるから声を出して笑うことは、大いにしていいことです。

そんなの当たり前のことだ、って思うかもしれませんが「笑い」ってすごく大切なものなのですよ。

二〇〇一年九月、アメリカのニューヨークで同時多発テロ事件があり、多くの人たちが亡くなられたことをみなさんは知っていますよね。そのとき、ビルにいた人たちだけでなく、ビルにいなかった人たちも傷を負いました。

え、ビルにいなかった人たちも？　って、不思議に思う人がいるかもしれませんね。ビルにいた人たちは、体に傷を負いました。そして、ビルにいなかった人たちは、心に大きな傷を負いました。大切な人を失った家族や友人たちのショックは大きく、そのまま心の病気になる人もいるそうです。

体に負った傷には、なんらかのお薬や治療法がありますね。しかし、心に負った傷につける薬は存在しないのです。しかも、心の傷は目に見えません。

では、どうやったらその人たちを救えると思いますか？　みなさんならどうやってその人たちを助けようと思いますか？

温かい言葉で励ます、時間をかける、お休みをする、など薬は存在しなくてもいろいろ考えられますね。

そこで最近注目されているのは「笑い」なのです。笑うと明るい気持ちになる気がしませんか？　「笑い」をその人たちのなかに生み出すことによって、心のなかに「明るさ」を取り入れたらどうか、と提案されているのです。

ここでちょっと「笑い」の効果についてお話しします。

「笑う」ということは、わたしたちの体や心にとって、とってもいいことなのです。

世の中には「笑い療法士《りょうほうし》」という人たちがいて、その人たちが「笑い」を科学的に研究して、「笑い」が心や体にいいものなのだということを証明しているそうです。「笑い」は心の痛みや苦しみを和らげてくれるそうなのです。

最初は「笑い療法士」だなんておかしな人たちが出てきたもんだ、と世間はばかにしていたそうですが、実際に実験や研究を重ねるうちに、ほんとうに「笑い」が人間の心や体にとってとってもいいことだということがわかったそうです。

笑い療法士の研究によると、笑うことで脳が刺激されて、「痛み」を和らげてくれる「エンドルフィン」という物質が放出されるからだそうです。

そこで、アメリカの同時多発テロ事件で精神的にショックを受けた人たちを、なんとか「笑い」によって助けられないか、という動きが生まれたのです。ユーモアを用いることで、その人たちになんとか「笑い」をもたらし、心のなかに明るさを生み出そうと試みられているそうです。

亡くなった人は二度と戻ってくることはありませんが、それが成功したら、少しはその人たちを心の苦しみから救うことができます。

みなさんの周りで、お母さんにすごく怒られてちょっと元気のないお友だちや、何かで落ち込んでいるお友だちがいると思います。そんなとき、みなさんの周りには、いつもみんなを笑わせてくれるお友だちがいますね。

みんなに笑いをもたらしてくれるお友だちは、そんな落ち込んでいるお友だちの心のなかに「明るさ」をもたらしてくれているのです。

お友だちを笑わせるって、ほんとうにいいことをしていると思います。「笑う」ことで心を苦しめている問題が解決することはないかもしれないけれど、心は少し元気になるはずです。心が少しでも明るくなれば、問題を解決しよう、という元気が湧《わ》いてきますよね。

みなさんには、ちょっとでも楽しいこと、面白いことを見つけて、どんどん笑ってほしいな、と思います。

また、人に笑顔をもたらすことができると、もっといいですね。

笑うと自分自身も楽しくなるし、周りの人たちだって、笑っている人を見て楽しくなるような気がしますね。

これからも、家や教室を笑いでいっぱいにしていきましょうね。

◆笑いは明るい気持ちを呼び起こします ―― 向山

教師をしていると、「笑い」の大切さに気づかされることがよくあります。

教師が笑っていると子どもたちは安心します。「笑い」が「笑い」を誘い、教室中に笑い声が響くことがあります。そんなときは、クラス全員がとても幸せな気持ちになります。

また、大笑いしなくとも、やさしい笑顔が不思議な力を発揮することもあります。

作品発表の時間、不安でいまにも泣き出しそうな子がいますが、そんなとき教師は、満面の笑みで、その子の手をとって、

「とっても上手にできましたね。みんなに見せてあげようね。大丈夫、発表してごらん」

と応援します。教師の笑顔で、できないことができてしまったり、四十名近い子どもの心がひとつになったりすることがあるのです。教師のなかには、鏡の前で笑顔をつくる練習をする人もいるほどです。

子どもに大人の顔色をうかがわせるような、寂しい行動をとらせてはいけません。大人の笑顔が、子どもを安心させ、穏やかな、落ち着きのある子どもに育てるのです。

第23話

病気が治った女の子

前向きな気持ちになってほしいときは……

★★

「やまいは気から」という言葉があります。病気は気のもち方ひとつで、よくも悪くもなるという意味です。

「うそも方便」という言葉があります。必要な場合はうそをつくのも仕方がないという意味です。

この二つを心にとめて、次のお話を読んで下さい。

◆

重い病気の女の子がいました。その女の子は、現代の医学ではなかなか治るのが難しい病気でした。女の子のお父さんもお母さんもお兄さんも、難しい病気であることを知っていました。ただ、難しい病気であることを女の子には黙っていました。そして、女の子にはできるだけ励ましの言葉をかけるよう心がけていました。医者が言うには、治療も大事だが、本人の治ろうとする気持ちが何よりも大切だということだったからです。

女の子は、自分がなかなかよくならないので、自分はもう助からないのではないかと思いはじめていました。そんなある日、お父さんが言いました。

「今日はだいぶ顔色がいいね。病気が少しよくなったんじゃないかな」

お父さんが明るい笑顔でそう言うので、女の子はそうかもしれないと思いました。

別の日、女の子はあまり食欲がありませんでした。体のためには食べたほうがいいのですが、食事をだいぶ残してしまいました。

そんなとき、お母さんが言いました。

「これだけ食べられれば十分だわ。体にたくさん栄養がいくから、よくなるわよ」

それを聞いて女の子は、自分が少しはよくなる気がしました。

また別の日、女の子は気分が悪くて体を起こすこともできませんでした。

お兄さんが言いました。

「ゆっくり体を休めることで、きっと体が回復するね」

それを聞いて女の子は、横になっているのも自分の体のためになる気がしました。

このように女の子の家族たちは、ことあるごとに、女の子を励ましつづけました。そのたびに女の子は、少しずつ少しずつよくなっていきました。

これには医者も驚くほどでした。

そして――。

女の子はついに、よくなったのでした。

もし、家族が、

「今日は顔色が悪いね」

「あら、これだけしか食べられなかったの」

「起きることもできないのかい」

などと言っていたら、どうだったでしょう。女の子は、治るどころか、ますます悪くなっていったに違いありません。

顔色がよくないときでも、「顔色がいいね」と、お父さんはうそをつきました。でも、これが女の子の病気にはよかったのです。

元気がない友だちに、どんな言葉をかけたら、元気を取り戻せるのでしょう。

このお話は、言葉ひとつがすごいパワーをもっているということをいっています。相手を思う気持ちから、すごいパワーが生まれるのです。命を救うことすらできるのです。

言葉のもつすばらしい力に気づいてください。
すてきな言葉さがし、始めましょう。

◆ほめ言葉には子どもを育てるパワーがあります――向山

言葉のパワーは、こうした病気のときだけに限りません。日常の小さな声かけが、まさにそうなのです。

子どもが一生懸命描いた絵を見て、「何の絵これは?」「もう少し、丁寧に描きなさい」などと言ってはいけません。やる気も失せてしまいます。小さな一点をほめればいいのです。ただ、ほめ言葉には、うそはつかないという絶対に必要な条件があります。「ほめる言葉」は、必ず事実に基づくものでなければなりません。「ここの色がとってもきれい」「ここところこの色の使い方がすてきね」。ほめる小さな一点を見つけられることが、親の力量というものです。力量は、磨かなければつきません。

何事も表と裏の両面をもっています。いい面、プラス面を見つける力をつけてください。

第24話

「いただきます」はだれに言うの？ ★

家族そろって食卓を囲むときに……

「いただきます」

みなさんが毎日ごはんを食べる前に言っている言葉。これは、だれに対して言っているのでしょう？　ごはんをつくってくれたお母さん？　お金をかせいできてくれたお父さん？　そんなことを考えながら読んでみましょう。

◆

ある村にたいへんなお金持ちがいました。村一番のそのお金持ち以外、村人たちは貧しい暮らしをしていました。貧しい村人たちは、お金に困ると、みなそのお金持ちにお金を借りにいきました。お金持ちはけっしていじわるではなかったので、お金を借りにきた人には快くお金を貸してくれました。そんなわけですから、どの村人もそのお金持ちに頭が上がりませんでした。そして、そのお金持ちに会うと、必要もないのにお世辞を言って機嫌をとるのでした。

「こんにちは。いやあ、今日はそのお着物、ずいぶんよくお似合いですね」

「あなた様のお庭に植えられている松の木、いつ見ても見事なものですねえ」

「お宅のお嬢様のお美しいこと。このあたりの村で、あれほど美しい娘さんの評判は聞いたことがありません」

「お宅のおぼっちゃまの賢いこと。このあたりの村で、あれほど賢い男の子の評判は聞いたことがありません」

こんな具合です。言われれば、お世辞とわかっていても悪い気はしません。お金持ちのほうでも、

「そうかねそうかね、うわっはっはっはっはっ」

と上機嫌でした。

そんなある日、村に貧しい身なりの旅人が現れました。その旅人は、もう何日も食べ物を口にしていませんでした。ふらふらでいまにも倒れそうです。幸いにも、一人の親切な村人が旅人を見つけました。村人は旅人を自分の家に入れると食べ物を与え、布団で休ませてやりました。旅人はたいへん感謝しました。弱っていた旅人は、親切な村人のおかげ

で日に日に元気になりました。やがて再び旅に出られるぐらいにまで回復しました。

「ありがとうございました。おかげさまで命拾いいたしました。親切にしていただいたのに、何もお礼できるものがなくて、申し訳ありません」

出発にあたり、旅人はすまなさそうに言いました。

「いいんですよ。困ったときはお互いさまです。途中、お腹がすくでしょうから、これをお持ちになって下さい」

村人は、旅人におにぎりの入った包みを渡しました。旅人は、何度も何度もお礼を言い、村人の家をあとにしました。

旅人が村を出て、昼近くになりました。旅人は、道端の切り株に腰掛けて、さきほど村人からもらったおにぎりを食べることにしました。ちょうどそのとき、村のほうから、村一番のお金持ちがお供を連れて歩いてきました。どこかへ出かけるのでしょう。

旅人は、おにぎりを持ち、「いただきます」と言いました。

前を通りかかったお金持ちは、立ち止まると旅人に言いました。

「いま、いただきますと言ったのかね？　うわっはっはっはっは。たしかにいろんな人がわたしに感謝をしているが、そのおにぎりはわたしが君にあげたものではない。なのに、わたしにそんな『いただきます』なんて言わなくていいんだよ。うわっはっはっはっ」

するど旅人は言いました。

「そうですね、たしかにこのおにぎりはあなたからいただいたものではありません。村のある方からいただいたのです」

「そうかね、じゃ、その人に言ったのかね？　ここからじゃあ聞こえないだろうが、食べる前にお礼を言っといたというわけか」

お金持ちの言葉に旅人は言いました。

「たしかにこれを下さった村の方にはたいへん感謝しています。しかし、それも違います。わたしは旅をしておりますが、食べ物がなかなか手に入らないことはよくあります。そんなとき、やっと手に入った食べ物はどんなにありがたいことでしょう。食べ物がなければ死んでしまうのですから。食べ物をいただくのは命をいただくのと同じです。わたしは今日も命をいただけたことを神様に感謝して『いただきます』と言っているのです」

周りのお世辞にいい気になって、このごろすっかり感謝する心を忘れがちだったお金持ちは、その言葉に、自分をとても恥ずかしく思いました。

◆感謝の気持ちが幸せを運んできます――向山

日常何気なく使っている言葉には、それぞれ意味があります。この「いただきます」のお話のように、幼いときに、その意味について一緒に考え、伝えていくことはとても大切なことですし、すてきなことです。

「命」をいただくという意味には、自分の命が生かされたということと、食べ物のたくさんの命をいただくという意味との、両方があります。いずれにせよ、深い意味があります。また外国では、食事の前に短いお祈りはしますが、直接「いただきます」にあたる言葉はなかなか見つかりません。日本の国の美しい言葉のひとつといえるでしょう。

最近は、子どもが一人で食事をすることが増えているという調査結果があります。団らんを囲み、「いただきます」を言える子を育てたいものです。

第4章

たくましい

子どもに育ってほしい

第25話

かわいくて強いタンポポ

自然の力の不思議さ・偉大さを教えたいときに……

★

さて、クイズです。春に咲く、黄色くてかわいいお花はなんですか？

春、野原や土手にたくさん咲いています。町の狭い道やコンクリートのあいだの土から顔を出して咲いていることもあります。

答えは、タンポポです。

「タンポポ」っていうかわいい名前はどうしてつけられたのでしょう。

ほんとうは、タンポポは、昔、「つづみ草」って呼ばれていました。タンポポのつぼみが、鼓《つづみ》の形に似ていたからです。「鼓」というのは、太鼓のようにたたいて音を出す楽器です。太鼓の「鼓」という漢字一字で、「つづみ」と読みます。

太鼓は「ドンドン」という音がしますが、鼓は、「タン、ポン、タン、ポン」と音がします。昔、子どもたちが、土手に咲く黄色くてかわいいつづみ草を見て、「タンポポ」と呼んだのが、この花の名前の始まりです。

春に咲くタンポポが、冬はどうしているか知っていますか？

冬のタンポポは、葉っぱを地面にしっかりつけて、じっとしています。葉っぱの上を冷たい風が吹いても、雪が乗っかっても、平気です。しっかり生きています。

ひとつの小さなタンポポの根っこはとても太くて、地面の奥まで、ずっと長く伸びています。掘り出そうと思っても、なかなか全部を掘り出すことができません。

タンポポは、冬のあいだは、じっと頑張って、春を待ちます。

春になると、タンポポはしっかり葉っぱを起こして、花を咲かせる準備をします。準備がととのうと、鼓の形をしたつぼみが、少しずつ花を開いていきます。外側の花びらから、少しずつ、花びらを広げていくのです。

タンポポの花が開くのに、四日かかります。一日目、二日目、三日目、四日目、ときちんと少しずつ計画的に開きます。天気がよくても悪くても、関係ありません。ですから、タンポポをよく知っている人は、タンポポを見ると、咲きはじめて何日目かわかるそうです。

タンポポの花が咲き終わって綿毛になるころ、タンポポは、もう一度、背伸びをします。綿毛を遠くまで飛ばすために、花が咲いているときより、ずっと背が高くなるのです。背が高いほうが、遠くに飛んでいくことができますからね。

そして、ひとつひとつの種を綿毛が運びます。野原や土手、広々としたところにも飛んでいきますが、アスファルトの道路の隙間にも飛んでいきます。飛んでいった種は、そこで、また仲間を増やしていきます。

冬のタンポポのように、つらいときや困ったときやたいへんなときも、しっかり根を張って負けないでいると、楽しい季節がやってきます。

タンポポのように、自分で決めたことをきちんとやり遂げられるとすてきです。

小さなタンポポですが、とても頑張り屋さんだということが、よくわかりましたね。小さなタンポポが、たくさんの知恵をもって生きていることもわかりましたね。

◆野に咲く小さな花にも、生きる知恵や力があるのです――向山

春の野に咲くタンポポのすばらしい力についてのお話です。植物も動物も、生きているものには、それぞれに自然を生きぬく知恵や力があるのです。親子で、その知恵や力を見つけ、話したり、驚いたりできるとすばらしいです。

伸びる子どもの条件のひとつに「最後までやり遂げる」ということがあります。決めた

ことを辛抱強く、最後まで頑張ることと、タンポポの辛抱強さを重ねて話し合うといいでしょう。親子で、春の土手や草原で、タンポポを見つけましょう。町のなかにも、ひとつだけ黄色い花をつけるタンポポを見つけることができるでしょう。タンポポの名前のいわれも、話して聞かせましょう。

自然の小さな花がもっている大きな力に親子で驚くことが、生きる力をはぐくむことにもつながっていくのです。

★★★

第26話

一日二十回のごはん炊き

できるまでやりぬくことを教えたいときに……

工作でも、計算問題でも、鉄棒でも、水泳でも——。みなさんは何かに挑戦し、できなくて途中であきらめてしまったことがありませんか？　とことん頑張ってみましょう。きっとすばらしい結果が得られるはずですよ。とことん頑張ってすばらしい物をつくり出した人のお話を紹介しましょう。

◆

みなさんが毎日食べているお米のごはん。お米をといで電気がまのなかに入れ、スイッチを入れればおいしくごはんが炊き上がります。いまなら当たり前の、ごはんを炊くということは、かつてたいへんな仕事でした。昔は電気も水道もありません。家のお母さんは、まず冷たい水で米をとぎ、かまに入れて水に浸します。それからかまどにまきを入れて火を起こして炊きはじめるのですが、おいしく炊くのはたいへん難しいことでした。

「はじめチョロチョロ、中パッパ、赤子泣いてもふたとるな」

聞いたことがある人もいるのではありませんか。これは、ごはんをおいしく炊くためのコツを言い表したものです。最初はチョロチョロと弱火で炊く。次に、やや強い火で炊く。できあがりが近づいてきたら、どんなことが起きてもふたをとってはいけない。ですから、ごはんを炊きはじめたら、炊き上がるまで家のお母さんはかまのそばについていて、いつも火の強さに気を配っていなければなりませんでした。まきの多い少ないで、すぐ火の強さが変わってしまいますから、ちょうどいい火加減が続くよう、いつも注意している必要があったからです。

このたいへんなごはん炊きの仕事を、なんとか機械で簡単にすることはできないだろうか。そう考えて電気がまの開発を始めたのは、小さな町工場をやっている三並さんという人でした。三並さんは、奥さんと六人の子どもたち総がかりで、電気がまの開発に取り掛かりました。

三並さんは、毎日毎日ごはんを炊いては、一分おきに温度の変化を測りました。いちばんうまく炊けるとき、かまのなかで温度はどう変わっているのかを知るためでした。奥さんの風美子さんは、一日に二十回もお米をといでごはんを炊きました。十時間以上も火加減を見つづけました。

それを四カ月続け、「かまのなかの温度が百度になったら、二十分間そのままにし、火をとめる」という、おいしく炊く場合の温度変化を、ついに発見したのでした。それは、「はじめチョロチョロ、中パッパ、赤子泣いてもふたとるな」と昔から言われていたことと同じ内容でした。

次に三並さんたちは、百度になったとき、どうやってスイッチを切るかを考えました。いろいろ実験をし、金属が熱によって大きさが変わるのを利用してスイッチを切る方法が考え出されました。

最後に、二十分間温度をそのままにするにはどうすればいいかが難しい問題でした。実験につぐ実験、失敗につぐ失敗。使ったお米の量は、何百俵にもなりました。実験のために、たくさんのお金が使われました。三並さんも、奥さんの風美子さんも、疲れ果てていましたが、もうここまできて、あとにはひけません。最後の最後に、かまを三重構造にすることで、たとえ寒い場所でごはんを炊いたとしても、二十分間温度を下げずそのままにできる方法が考え出されました。

電気がまが完成し、日本中で宣伝されました。はじめは、電気なんかでごはんがおいしく炊けるはずがないと、あまり売れませんでした。ですが、実際に目の前で炊いて見せてもらい、それがほんとうにおいしいごはんだとわかると、ものすごい勢いで売れるようになりました。三並さんの元には、「これで楽にごはんが炊けるようになった」と、日本中のお母さんから感謝の手紙が届いたそうです。

◆

電気がまに限らず、みなさんの身の周りにはたくさんの便利なものがありますね。そのひとつひとつは、いろいろな人のたくさんの努力の結果考え出されたものばかりです。もし、三並さんが途中で電気がまづくりをやめてしまっていたら、どうなっていたでしょう。ひょっとしたら、カレーや鍋物のように、いまでもかまを火にかけてごはんを炊くというやり方が行われていたかもしれません。

途中で投げ出さず頑張りぬくこと――それができたなら、今度何か新しい便利な物をつくるのは、これを読んでいるみなさんかもしれませんね。

◆あきらめないで努力を続ければ、夢は必ず実現します――向山

身の周りには、便利なものがあふれています。その便利さの裏には、想像を超える努力やドラマがあることを知ってほしいものです。

おいしさを求め、電気炊飯器がこのようなひとつの家族から生まれてきたことを知り、努力や継続のすばらしさを親子で語り合いましょう。朝日新聞と東京こどもセンターが主催する作文コンクールに「努力のつぼ」という話がありました。だれもが、努力のつぼをもっていて、そのつぼに努力を入れていくと必ずあふれるというお話です。このお話も、努力があふれたすばらしいお話です。

身の周りの小さな不思議を見つけ、感謝できる心を育てたいものです。

第27話

けがを恐れぬ全力プレー

いま何をなすべきか、自分で気づかせたいときに……

★★

小学生のたけし君は、少年野球チームのエースで四番。チームの大黒柱です。もちろん、たけし君がいないチームなんて考えられません。

ところが、大事な公式戦の前日。たけし君は、右腕を骨折してしまいました。

その後、たけし君は、骨折が完全に治るまで三カ月間、練習を休まなくてはいけませんでした。

毎日、チームメイトの練習を見ながら、たけし君は、だんだんと焦ってきました。チームメイトはどんどん上達します。とくに、いままで控え投手だったたけんじ君の上達ときたら、すばらしいものがありました。コーチも付きっきりです。しだいに、たけし君は練習に来なくなっていきました。コーチは、たけし君に言いました。

「おまえは、野球がやりたいのだろう。しかし、けがで野球ができない。こんなときどうしたらいいのか」

と話しはじめたのは、次のような話でした。

巨人軍の桑田真澄選手は、三十五歳。背番号18。いまも、巨人軍のピッチャーとして活躍しています。

PL学園から巨人軍に入団し、プロ野球の投手としては、けっして大きくない体格ですが、なんと一六四勝（二〇〇二年終了時）しているのです。厳しいプロの世界で二〇〇勝するということは、たいへんなことで、どの投手も、二〇〇勝の夢を追いかけているのです。

しかし、桑田選手の輝かしい十七年間の記録のなかで、一年間登板なしの年があります。彼は、ピッチャーの命というべき、利き腕の肘《ひじ》の靱帯《じんたい》を傷め、一年間のリハビリ生活を送っていたのです。

一九九五年五月二十四日、巨人対阪神戦。

「ぼくは、投げるだけのピッチャーではなく、守って走って、打って走って、グラウンドで暴れ回りたいタイプなんで……」

と自ら語る言葉どおり、その日も桑田選手は、暴れ回りました。そして、阪神・湯舟選手の三塁側バントフライに、ダイビングで飛び込んだのです。

右肘靱帯断裂。桑田選手は、引退の危機に追い込まれました。

しかし、苦しく長いリハビリ生活のなかでも、桑田選手は、あきらめませんでした。

先発投手は、一試合で五十分間、マウンドにいるそうです。そこでその持久力を失わないために、手術後、投球が許されないうちは、五十分間ひたすら読売ジャイアンツ球場の外野を走っていました。その走った跡はしばらく残り、「桑田ロード」と言われたそうです。ほかにも指の感覚の敏感さを保つために、リハビリ中にピアノを習ったり、栄養学、解剖学を学んだり、一日に食べたものを英語で日記に書いたりしたそうです。

一九九七年四月六日、巨人対ヤクルト戦。

桑田選手は、ほぼ二年ぶりにマウンドに立ちました。涙がこみ上げ、ファンの暖かい声援を聞きました。「頑張ってきた甲斐があった」。そう思ったに違いありません。桑田選手は、二年前と同じようにがむしゃらに投げ、がむしゃらに打ちました。

そして、山本選手のバント小フライが上がったとき、だれもが叫びました。

「やめろ、また、けがをしてしまうぞ!」

しかし、桑田選手は、飛び込んだのでした。

二〇〇二年のある試合で、桑田選手は言いました。

「ぼくに盗塁サインを出してください。警戒していないから、絶対成功します」

走塁コーチから伝え聞いた原監督は、驚きながらもきっちり断りました。

「スライディングでもして、けがをさせるわけにはいかない」

先発として期待するがゆえの判断でした。

この日の桑田選手は、勝ち投手十一勝目、そして、自らのバットでホームランを打ちました。

「投げるだけでなく、打って、走ることもこなしてこそ、プロ野球選手」がポリシーの桑田選手は、三十五歳になったいまでも、走って走りまくります。どんなときでも、けがを恐れぬ全力プレー。二〇〇二年も、守備の優秀な選手に贈られるゴールデングラブ賞を受賞しました。八度目の受賞です。

二〇〇勝まであと三六勝。桑田選手の全力プレーは、まだまだ続きます。

この話を聞いたたけし君は、どうしたのでしょう。もちろん、毎日練習に顔を出し、他の選手と一緒に走ったり、左手で投げる練習をしたりする姿がありました。

そして、チームメートからも「やっぱり、たけし君がいないとな」という声が、自然にあがってきたのでした。

◆自分で悩み、学ぶことで、「根っこ」の部分を育てましょう――向山

スポーツをしていると、この話のたけし君のように、けがで練習に出られなかったり、練習の成果がなかなか表れず精神的に落ち込んでしまったりすることはよくあることです。そんなとき、大人たちは、

「頑張れば、必ず成果が出るよ」

「もう少し続けてごらん」

とアドバイスしがちです。

しかし、子どもが自分で悩んだり苦しんだりする前に、大人が先回りして転ばないように支えてしまっては、生きていくために必要な力、植物でいう「根っこ」の部分はできません。落ち込むのも学びなのです。辛いこと、涙を流すことは、その子を何倍も強くするチャンスなのです。

このお話では、たけし君のコーチは、桑田選手の事実を語っただけです。たけし君は、その話から得た情報を整理し、自分で判断を下したのです。たとえ、そこで大好きなスポーツをやめてしまったとしても、「やめる」ことを決めるまで、考え、悩み、決断するのです。大人が決断を迫ってはいけません。賢い大人ほど「……すべき」「……しなさい」

というアドバイスをしがちです。

　自分で道を選択させ、歩かせることです。自分で決断したあとに生まれるすばらしい力が、子どもたちに必要な「根っこ」の部分となるのです。家庭内暴力、拒食症などは、この「根っこ」の部分ができていないからだとも言われます。

★

第28話

世界一おいしいごちそう

食事時にわがままや好き嫌いを言うときは……

「お昼ごはんよー」

　昼食の支度を終えたお母さんが、息子の太郎君を呼びました。ところが太郎君はなかなかやってきません。テレビゲームに夢中になっているのです。

「もう、早くきなさい！」

怒ったお母さんは部屋へきて、ばちんとテレビのスイッチを消しました。

「何するの、いまいいところだったのに」

太郎君は口をとんがらせました。

「何するのじゃないでしょ。お母さんがごはんだと呼んでいるのが聞こえないの」

お母さんが言います。

「聞こえてたよ。いまの敵を倒したら行こうと思ってたんじゃないか」

「いいから、すぐにきなさい！」

お母さんの剣幕に、太郎君はしぶしぶテーブルに着きました。

「おかずは何。あれ、野菜いためなの？　野菜嫌いなのに」

太郎君はおかずを見てぶつぶつ文句を言いはじめました。

「野菜はとても栄養があるのよ。文句を言わないで食べなさい」

太郎君はもそもそごはんを食べはじめましたが、おかずの野菜いためは半分ほど残してしまいました。

「ごちそうさま」

「あら、もう食べないの」

「もうお腹いっぱいだよ」

日曜日のこの日、太郎君は朝から家でごろごろしていました。あまりお腹もすいていなかったのです。嫌いな野菜いためを全部食べようとは思いませんでした。

お母さんは黙って食器を片づけました。

午後から太郎君は外に出かけていきました。いつもの公園で友だちと遊ぶ約束をしていたのです。

さんざん走り回って遊んできた太郎君は、夕方お腹をすかせて帰ってきました。

「お母さん、ただいまあ！　おやつちょうだい！」

ここでいつもならおやつを出してくれるお母さんが、今日はこう言いました。

「お帰りなさい。あと少しで夕ごはんだから、それまで待っていなさい」

「ええー。いつもおやつくれるじゃない。ちょうだいよぉ」

太郎君は文句を言いましたが、お母さんはおやつをくれませんでした。

あと少しとお母さんは言いましたが、夕ごはんになったのは、それから一時間以上もたってからでした。昼ごはんのおかずの野菜いためを半分残した太郎君は、お腹がすいてすいてたまりませんでした。

「ごはんよ」

待ちに待ったお母さんの声です。昼とはうってかわって太郎君はテーブルに飛んでいきました。おかずは魚でした。実は太郎君は魚も好きではありませんでした。しかし、お腹がとてもすいていた太郎君は文句も言わず、

「いただきまあす！」

と言うと、もりもりごはんを食べはじめました。ごはんがいつもよりとてもおいしく感じられました。嫌いな魚も、あっという間に平らげてしまいました。

「ごちそうさま、ああ、おいしかった。お母さん、今日のごはんは特別おいしかった気がするよ」

太郎君がそう言うと、お母さんは、次のような話をしました。


昔々、あるところにとても食いしん坊の王様がいました。王様は世界でいちばんおいしいものが食べたいと言って、いろいろな料理人を呼んできて料理をつくらせましたが、王様が満足する料理をつくれる人はいませんでした。

そんなある日、一人の男がやってきて、「世界一おいしいごちそうを食べさせてあげ

ましょう」と王様に言いました。ただしそれには条件がひとつあって、自分の料理を食べるまで、ほかに何も食べてはいけないということだったのです。王様はとても喜び、いまかいまかと料理を待ちました。

ところが、一日たち、二日たっても、男は料理をつくりません。王様はお腹がすいて倒れそうでした。三日目、やっと男は料理をつくって王様の前に出しました。それはだれが見ても、とくに変わったところもない、ありふれた料理でした。ところが、王様はおいしいおいしいと料理を食べ、「こんなうまいものは食べたことがない」と、男にごほうびをくれたということです。

「へえ、その男はどんな方法で料理をつくったの?」

話を聞き終わった太郎君はお母さんに聞きました。

「何の方法も使わないわ。料理をおいしく感じたのは、王様がとてもお腹をすかせていたからよ」

「お腹をすかせていたから?」

「王様は、生まれてから一度もお腹がぺこぺこな思いをしたことがなかったんでしょうね。

なんといっても王様だもの。空腹は最高の調味料である——という言葉があるの。お腹がすいていると、ごはんをとてもおいしく食べられるということよ。男は、王様のお腹をすかせてから料理を食べさせたということなのよ。この王様、だれかに似ていない？」

言われて太郎君はすぐに気がつきました。

「あ……、今日のぼくだ」

「太郎もお腹がすいていたから、嫌いな魚も文句も言わず食べたのよね。お腹がすいているときのごはんは、とてもありがたいでしょう？　ごはんというのはとてもありがたいものなのよ。でも、お腹があまりすいていないと、人は今日のお昼の太郎みたいに食べ物を粗末にしてしまいかねないわ。お母さんは、太郎にそれに気づいてほしくて、今日はおやつを抜きにしたのよ」

お母さんの言葉に、太郎君はとても反省しました。以後、食べ物に文句を言うことはなくなったということです。

◆食べられることの幸せを、子どもに実感させましょう——向山

飽食の時代、食べ物を粗末にしたり、わがままや好き嫌いを言ったりしがちです。自分

では気がつかないことも、お話の王様のことなら理解できる子もいることでしょう。食べられることに感謝し、おいしく食べられる努力ができるように食事について考えてみましょう。

世界中には、食べ物がなくて死んでいってしまうたくさんの子どもがいることも伝えましょう。

第29話

ビックリマンチョコのおまけ

自分で考え、行動する力をつけさせたいときに……

★★

人のまねではなく、自分の頭で考えなさい！　お父さん、お母さんや先生から、そんなふうに言われたことはありませんか？　これからお話しするのは、自分の頭で考えて、大成功した人たちのお話です。

「ドラえもん」「キン肉マン」「遊☆戯☆王」……。みなさんが知っているこれらのマンガは、マンガを描くのを仕事にしている漫画家という人たちがつくったものです。そしてこれらのマンガの絵を使った、お菓子やノートやおもちゃなどがいろいろな会社でつくられ、売られています。そうした会社では、人気のある漫画の絵を使う権利を手に入れることが重要でした。人気のある漫画の絵がついていれば、その商品はたくさん売れたからです。逆にいえば、そうした絵が手に入らないと、商品の売れ具合がパッとしませんでした。

◆

「売れないなあ……、どうすればいいんだろうか」

喫茶店で二人の男の人が話をしています。みなさんは、ロッテという会社の名前を聞いたことがあるでしょう。チョコレートやガムなどを売っている会社です。この二人の男の人は、ロッテの社員でした。ロッテでは、ビックリマンチョコというお菓子を、一九七七年から売り出しました。

一個三十円でおまけのシールがついています。しかし、売れ行きがいまひとつパッとしませんでした。これはおまけのシールに魅力がないからだろう、なんとか子どもたちに買ってもらえるシールの絵はないだろうか——二人の男の人はそう考え、いままでいろいろなシールを考えてきました。それまでは人気のある漫画の絵を使える権利をもらって、それを商品につければたくさん売れていました。しかし、このロッテの人たちは、借り物でなく、なんとか自分たちの会社でつくった絵をチョコレートにつけて売り出したいと考えていたのです。

しかし、どうすればいいのか……。

あるとき社員の一人が町を歩いていると、お化け屋敷が子どもたちに大人気なのが目にとまりました。こわいこわいと言いながら、お化けや悪魔は子どもたちにたいへん人気があります。

そこでその社員の人が思いついたのが、たくさんの種類の天使と悪魔とお守りたちが、ジャンケンのグー・チョキ・パーみたいな三つ巴《どもえ》の関係で戦いあっているのはどうかということでした。おもしろい絵柄のたくさんの天使・悪魔・お守りたちが考えられ、そのシールがビックリマンチョコのおまけにつけて売り出されました。

これが子どもたちのあいだで爆発的大人気になりました。子どもたちのあいだではいろいろな絵柄の天使や悪魔たちをコレクションすることがはやり、どこのお店のビックリマンチョコも、たちまち売り切れてしまうということが起きました。ロッテでは、二十四時間体制でチョコレートをつくりましたが、つくってもつくってもあっというまに売れてしまうので、テレビでコマーシャルを流すのをやめてしまったほどでした。

ビックリマンチョコのあまりの人気に、雑誌では漫画が連載され、テレビではアニメが放映されるまでになりました。いままで、雑誌やテレビでの人気キャラクターがお菓子のおまけのシールにつくということならありました。しかし、お菓子のおまけのシールから漫画やアニメがつくられるということは、それまでにない画期的なことだったということです。

人気マンガのキャラクターを借りてくるのではなく、自分たちでいつか人気のあるキャラクターを考えてみせる！　ロッテの会社の人たちの強い思いが、ビックリマンという人気キャラクターを生んだのでした。

人まねでなく、自分の頭で考えましょう。あなた自身の頭で考え出したアイディア、ひょっとしてそれは、ものすごい思いつきなのかもしれないのですから。

◆人まねではない力を引き出すには、周りの環境が大切です——向山

いわれたとおりにすることも難しいことですが、自分の頭で考えて行動することは、さらにレベルアップした難しいことです。さまざまな力が必要となります。多くの情報を集め、分析する力、そのなかから、大切な情報を抜き出す力、そして一番大切なことは、決断し、実行する力です。

このお話のビックリマンチョコは爆発的な人気商品でした。社会現象になったほど、世の中を騒がせました。その人気の裏に、このようなドラマがあったのです。

高学年になってくると、友だちと同じでは物足りない子が出てきます。逆に、目立たないように、何でも同じがいいという子もいます。

大人は、物まねでない考え方を認め、受け止め、お世辞でなく、ほんとうの感想を言ってあげればいいのです。また、どんな考えも安心して表せる環境をつくってあげましょう。

第30話

最高のウルトラマンをつくりたい！

子どものもっている力を引き出したいときは……

★★★

「この作文、もうちょっと手を加えればよくなるかも……」

「この夏休みの工作、ここに部品を加えればさらに立派になるなあ……」

作文や工作のとき、みなさんはこのように思ったことはありませんでしたか？　でも、「まあ、書き直しは面倒だから、これでいいや」

「部品を足せばよくなるかもしれないけれど、お金ももったいないし、ま、いいか」

こんなふうに思ってそれっきりだった人もいるのではないでしょうか。手間やお金をかけるのはたいへんですね。だから、「まあいいや」となってしまうのでしょう。しかし、手間をかければかけただけ、すばらしいものができるのです。

これからお話するのは、みなさんもよく知っている、ウルトラマンのお話です。

「ウルトラマン」シリーズの第一作が放映開始されたのは、一九六六年です。以来、二〇〇一年の最新作「ウルトラマンコスモス」まで、多くのウルトラマンシリーズの番組がテレビで一年ずつ放送されてきました。第一作の「ウルトラマン」を除いて――。

ウルトラマンが登場する前の子どもたちのヒーローは、人間が〝変装〟するものが多く、大きさも人間と同じでした。月光仮面・七色仮面・まぼろし探偵・ナショナルキッド……。みなさんは知らないでしょうが、みなさんのおじいさん・おばあさんぐらいの年の方はご存じのはずです。

また、番組の色もモノクロ（白黒）で、カラーではありませんでした。そんななかで始まった「ウルトラマン」は、色はカラー、内容は人間が〝変身〟して巨大なヒーローになり、やはり巨大な敵怪獣と戦うという、それまで世界中のだれも見たことがない、まったく新しい画期的な番組だったのです。放送が始まるや否や、あっというまに日本中で大人気になりました。視聴率は四〇％。日本の五人に二人は見ていたことになります。

日本で「ウルトラマン」をつくったのは、円谷《つぶらや》プロという会社の人たちです。この「ウルトラマン」ですが、番組をつくるのにものすごく手間とお金がかかりました。怪獣の着ぐるみ一体つくるのにも、ウルトラマンが光線を一回出すのにも、何十万円も何百万円もお金がかかったのです。うまく撮影ができないときは、撮影を何回もやり直しました。そのたびに飛ぶようにお金が消えていきました。テレビ局からは、「このお金で『ウルトラマン』をつくって下さい」と、一定のお金が円谷プロの人たちに渡されます。ですが、撮り直しを何度もするので、テレビ局から渡されたお金はどんどんなくなっていきました。また、よいものをつくろうと時間をかけて撮影していましたから、時間も足りなくなってきました。

そしてついにお金も時間も足りなくなり、「ウルトラマン」は九カ月で放送を終了することになったのです。最終回は、無敵の強さを誇ったウルトラマンが怪獣に負け、地球を去るという内容でした。ウルトラマンが空へ飛んでいくとき、日本中の子どもたちが実際に自分の家の窓から夜空を見上げて宇宙の星へ帰っていくウルトラマンの姿を探したということです。

それから三十年以上の月日が流れました。円谷プロの人たちも、次のシリーズからは一年間番組をつくりつづけることができるようになり、最新作「ウルトラマンコスモス」まで、ウルトラマンシリーズは続いているのです。

「もう手間をかけるのは面倒だから、これでいいことにしよう」

「お金をかければいいものはできるかもしれないけれど、もったいない。やめよう」

もし、円谷プロの人たちが、そう考えて「ウルトラマン」を撮っていたら、どうなっていたでしょう。いまのように何十年も人々から愛されるシリーズとなって続くことは、きっとなかったことでしょう。

努力することでよいものが生まれます。みなさんが何かをつくるとき、お金をたくさんかけるのは無理でしょうが、手間ならかけられるはずです。

あなたの作品にあとひと手間かけてごらんなさい、さらにすばらしくなるはずですよ。

◆手間を惜しまず、もうひと工夫する習慣をつけましょう――向山

当時、ウルトラマンも円谷プロも、その名は日本中にとどろきました。一場面一場面を全力でつくっている迫力を感じたものでした。

わたしは、教育団体の代表をしていますが、本を出版する先生方に、

「もっている力をすべて出し尽くしましょう。あとのため（二冊目）にとっておこうなどと姑息《こそく》なことを考えたら、あとはない」

とアドバイスします。仕事というものは、そういうものなのです。いま、全力でぶつかるから、その仕事を評価して、次の仕事が舞い込んでくるのです。小さいうちから、手を

ぬくようなことをさせてはいけません。

「あなたなら、もっと丁寧にできるはずですよ」

「君なら、もっとアイデアが湧いてくるはずだ」

妥協したら、そこで終わりです。子どもに、もうひと工夫させるアドバイスや声かけをすることが、子どものもっている力をさらに引き出すのです。

★★★

第31話

何もしないアルバイト

子どものやる気を伸ばしたいときに……

やる気が出ない？　それでは、人間は、本来なまけ者なのでしょうか。勉強なんかしたくない。仕事なんてしたくない。何もしないで、ごろごろしていられたらいいのになあ。そんなことを考えていませんか。

そんな人にふさわしいアルバイトの仕事があったのです。

「やることは何もなし
三食昼寝つき
かなり高いバイト代
何日でもよい」

仕事の内容は、何もやらなくてよいという仕事ですが、何もできないように手に筒をつけ、物をつかむことができません。目には曇りガラスのメガネをつけ、物が見えません。音も聞こえません。部屋には、窓もないしテレビも雑誌もありません。トイレと食事のときだけ筒やメガネを外してもらえますが、そんななかで、生活するのです。あなただったら何日、頑張れますか。

これは、アメリカで行われた実験です。その実験に協力してくれる学生アルバイトの募集だったのです。

そのアルバイトに参加した学生はどうだったでしょうか。

最初は、昼寝をしたり、歌を歌ったりしながら時間をつぶしていましたが、しだいに何もやることがないひどい退屈に我慢ができなくなり、次々と、二、三日もたたずやめていったのです。

それでも少数の学生が頑張りました。すると、しだいに幻想が見えはじめたといいます。

そして、その幻想もコントロールできないものになっていきました。

必死になって退屈と戦っている学生に、少しだけメガネを外して、電話帳を与えてみました。すると、とくに目的もないのに、むさぼるように電話帳を読みはじめたのです。

この実験は、人間がけっしてなまけ者でないということを示しています。人間にとって、退屈は絶えられない。何か刺激が欲しいのです。何か見たい、聞きたいのです。

人間はだれでも、なまけ者ではありません。何か、もっとやりがいのあること、興味のもてること、夢中になれることをさがしているのです。

大金持ちで働く必要がない。毎日好きなことをして、趣味の生活をしていればよい。そんなだれもがうらやむ生活をしていた人がいました。しかし、その人は、けっして幸せではなかったのです。しばらくして彼は、身体障害者を助けるボランティアを始めました。お金ではなく、だれかのために働くことが、彼にとってやりがいのあることだったのです。

◈

雨上がりの道で、あなたは水たまりを見つけました。あなたは、どうしますか。きっと走っていって跳び越そうとするでしょう。水たまりを見ると、跳び越えてみたくなるのです。

高い塀があると登ってみたくなります。上にぶら下がっている物があると、ジャンプしてさわろうとします。人間は、目の前に目標があるとやってみたくなるのです。

では、あなたは、どんな水たまりを跳び越えようとしますか。小さすぎるとつまらない。大きすぎると、できるわけがない。「できるかな？　できないかな？」と、どちらかわからないような大きさの水たまりを選ぶでしょう。

あなたにとって、ちょうどよい目標がいちばんやる気が出ます。失敗するかもしれないけれど、成功すればうれしい目標です。自分ではじめから高い目標を掲げるのでなく、手が届きそうな目標を段階的につくっていくとよいのです。

わたしたちは、いろいろな目標に挑戦をして成功したり、失敗したりを繰り返します。そのたびに、自分の実力を考えて、ちょうどよい目標を選びとっていけば、成果も上がるし、能力も伸びていくでしょう。

さあ、あなたは、けっしてなまけ者ではありません。自分にふさわしい目標を決め、それに向かって努力をして下さい。

◆目標をクリアする喜びが、次へのステップとなります――向山

子どもは本来、活動的で、「やる気が出ない」ことはほとんどありません。

向山が教育界に提案したことのひとつに「向山型算数」があります。その指導法に「まちがった問題には×をつける」という、教師の仕事として当然のことがあります。×をつけられた子どもたちは、○が欲しくて、何度も挑戦してきます。

教室で何気なく行われているこの教師の行為ですが、じつは、×をつけられない教師がたくさんいます。「子どもがやる気をなくすといけないから……」と危惧《きぐ》をするのです。そう考える教師は、子どもの本来の力がわかっていません。子どもの力を見くびってはいけません。子どもは、どんなことにも挑戦してきます。できないことにもトライする子がたくさんいます。

大人は、子どもの力を信じ、辛抱強く見守ることです。

第32話

★★

肥満の原因

バランスよく食べることの大切さを教えたいときは……

人間は、どれだけ太ることができるのでしょうか。世界一の記録を載せたギネスブックでは四百キログラムを超えています。ある本によれば、男性で六百三十五キログラム、女性で四百十三キログラムと報告されています。

相撲界を引退した元大関、ＫＯＮＩＳＨＩＫＩさんの現役時代の体重が二百七十五キログラムだったそうですから、六百キログラムといえば、ＫＯＮＩＳＨＩＫＩさん二人分以上です。そんなに肥えてしまっては、布団から起きあがることすら、一人ではできませんでした。このように、太っていることを肥満といいます。

みなさんは、肥満の原因を何だと考えますか。

「食べすぎ」だと思う人？　当たりです。でも、食べすぎだけで肥満になるわけではないのです。七つ挙げてみます。もしかしたら、みなさんが普段何気なくしている行動のなかに、肥満の原因があるかもしれませんよ。

一つ目は「食べすぎ」。

遊んだり勉強したりすると、お腹がすきます。お腹がすいたからといって、もう食べられない！　というくらいまで食べすぎると、栄養の取りすぎになります。使わない栄養は、余ったエネルギーとして、肥満の元である、体のなかの脂肪になります。

二つ目は「夜食」。

「あーあ、お腹がすいて眠れないなあ。ラーメンでもつくって食べよう」

または、夜遅くまで塾で勉強していて、

「お腹すいたなあ。コンビニで何か買って食べよう」

なんて、よくしている人はいませんか。夜、遅くなってから食事をすると、体のなかで栄養が吸収されて使われずに、寝ているあいだに貯金されます。

三つ目は「運動不足」。

これが、現在の太る原因の第一位です。

「寒いから、外で遊ぶのはいやだな」

ついつい家のなかでゲームばかりしている人や、歩くのが疲れるから、自転車や車、ローラーシューズでよく移動する人はいませんか。階段を登るより、エスカレーターやエレベーターに乗るのも、体の動かし方が少なくなって、運動不足になりますね。体のなかに取り込んだエネルギーをあまり使わないと、余ったエネルギーは脂肪になります。

四つ目は「二回食」。

「太ったらいやだから、ごはんを食べる回数を減らそう」

「朝寝坊をしてしまった。まあ、いいや。食べなくても」

とんでもない。夜ごはんを食べてから昼までごはんを食べなかったとしたら、あなたの体はどうなると思いますか。体は、いつ栄養をもらえるかわからない、と心配になります。だから、ごはんを食べたときに、できるだけ栄養を使わずに体のなかに貯金しておこうと必死になります。三食時間どおりしっかり食べている人と、二食の人が同じ量の栄養を取っていたら、二食の人のほうが太りやすいのです。

五つ目は「ストレス」。

ストレスから、たくさん食べたくなって、その結果、太ります。食べすぎに通じます。

六つ目は「糖質」。

チョコレートやクッキー、飴《あめ》やケーキなど、甘いお菓子が好きな人は、たくさんの砂糖をとっています。イチゴやみかんなどの果物も、食べすぎると甘い「果糖」という果物に入っている砂糖の取りすぎになります。

お菓子も果物もあまり食べないから大丈夫。いえいえ、ジュースや炭酸ジュース、缶コーヒーを飲む人は、その飲み物のなかにも砂糖がたくさん入っています。砂糖がたくさんのエネルギーに変わり、脂肪になってしまいますね。

七つ目は「遺伝」。

生まれつき、太りやすい体質の人がいます。同じだけ食べても体重が増える人と体重の変わらない人がいます。自分の体質がどちらか、知ることも大切です。

七つの原因で、自分に関係のあることがありましたか。人は、次の日に起きたら、急に太っていることはありません。少しずつ太っていきます。もし、太りかけているなら、まだ間に合います。太ってから痩《や》せようとするより、太らない生活を心がけることが大切です。太ると健康によくないですからね

◆子どもに規則正しい食事を整えるのは親の責任です――向山

子どもがもりもり食べる姿は、たくましく微笑《ほほえ》ましいものです。ただ、限度を越すと体

によくないということは、言って聞かせるとよいでしょう。一番いいのは、規則正しい生活をするということです。たくさん体を動かして、三度の食事をきちんと、決まった時間にするということです。学校では、毎日、決まった時程で生活しますし、栄養も計算されたバランスのよい給食をいただきます。家庭でも、規則正しい生活をすることが、子どもの健康には一番大切です。肥満になってしまうと、運動面で苦手なことも出てきます。鉄棒や、マット運動などをいやがる傾向があります。

また、非常に落ち着きのない子、いつもいらいらしている子、突然「カーッ」となって予想外の行動をとる子たちの原因として、クローズアップされてきたのが、「食生活の乱れ」です。こうした子どもたちの心身の変化に関連して、一九九八年六月、当時の文部省は「食に関する指導の充実について」という通達を出しています。「朝食欠食率の増加、カルシウム不足や脂肪の過剰摂取等の偏った栄養摂取など、〝食〟に起因する健康問題もあると指摘されています」と、「食の指導」の重要性を主張しています。

親も忙しい時代ですから、服部栄養専門学校校長の服部幸應《はっとりゆきお》氏は、「一汁一菜《いちじゅういっさい》」でいいから親が手をかけることを呼びかけています。子どもの規則正しい食事を整えるのは、親の責任です。

第5章

賢い
子どもに育ってほしい

第33話

ぐっすり眠るといいことといっぱい

早く寝る習慣をつけさせたいときは……

★

「お母さん、お父さん、おやすみなさい」

あやちゃんは毎日八時になると、おやすみのあいさつをして自分の布団に入ります。

今日はあやちゃんの体のなかが、寝ているあいだにどうなっているか、一緒に見てみましょう。さあ、あなたはこれから小さくなりますよ。ありさんくらい？　いえいえ、もっともっと小さく、小さく。米粒くらい？　いえいえ、もっともっと小さく小さく。砂粒くらい？　そうそう、それくらい小さくなって、あやちゃんの体のなかに入ってみましょう。入り口は耳の穴がいいかな？

では冒険へ、出発！

◆

さあ、ここはあやちゃんの体のなかです。

布団に入ったあやちゃんは、お母さんに本を読んでもらっているうちに、スースーと眠ってしまいました。お母さんが部屋の電気を消しました。すると……。

「やっほー、ぼくホルくん。本名は『成長ホルモン』って言うんだ。あやちゃんが寝てから一時間くらいすると、ぼくはたくさんの仲間とお仕事するんだよ。どんなお仕事かって？　ぼくたちはあやちゃんの体を大きくするんだ。きみは『骨』とか『筋肉』って知っているかい？　ぼくたちは君たちの体を支えている骨や筋肉を育てるんだ。さあ、仕事、仕事。じゃあまたね」

さて、あやちゃんが眠ってから四時間くらいたちました。夜中の十二時です。おやおや、まただれかがお仕事を始めたようです。

「こんばんは。わたしメラちゃん。本名は『メラトニン』って言うの。わたしたちのお仕事は、あやちゃんがいつもニコニコ楽しく過ごせるようにすることなのよ。わたしたちがお仕事しないと、あやちゃんは怒ったり、イライラしたりすることが多くなっちゃうの。もうひとつのお仕事は、あやちゃんに『いまは眠る時間ですよ』とか、『起きる時間ですよ』とか教えてあげることなの。さあ、今日もはりきって働くわよ。じゃあね」

さてさて、あやちゃんが眠ってから六時間くらいたちました。夜中の二時です。

「ハーイ、わたしアクちゃんです。本名は『ACTH』（副腎皮質《ふくじんひしつ》刺激ホルモン）といいます。わたしの仕事は、あやちゃんが一生懸命頑張ることができるように応援することです。友だちと仲よく遊んだり、勉強したりできるのもわたしのおかげなのです。では、グッドバーイ」

新聞屋さんのバイクの音が聞こえます。あやちゃんが眠ってから八時間くらいたちました。朝の四時です。

「はじめまして。わたし、コルちゃん。本名は『コルチゾール』って言うんだ。わたしたちは、あやちゃんの体を、少しずつあたたかくするんだよ。それでね、『あやちゃん、そろそろ朝が近づいてきましたよ』って、やさしく教えてあげるの。さあ、朝まであまり時間がないから、頑張らなくっちゃ。またね」

さあ、ホルくん、メラちゃん、アクちゃん、コルちゃんの四人にさよならして、あやちゃんの体から脱出しましょう。いち、にの、さん！

◆

眠っているあいだに、体のなかで、たくさん大事なことが起こっているんですね。

もし、あなたが夜遅くまでテレビを見たりゲームをしたりしていると、ホルくん、メラちゃん、アクちゃん、コルちゃんたちがしっかりお仕事できません。
体を支える骨や筋肉をきちんと大きくすること。
毎日にこにこ、楽しく過ごせること。
友だちと仲よく遊んだり、一生懸命勉強したりできること。
朝、気持ちよく起きられること。
夜早くお布団に入り、ぐっすり、たっぷり眠ると、こんなにいいことがあるのですよ。
あなたも今日から早寝に挑戦してみましょう。

（参考ホームページ：バーチャルホスピタル　www.maruhachi.com/hospital/hosp_33html）

◆子どもはぐっすり眠ることで成長します――向山

子どもにとって眠ることが大切だということは、だれもがわかっていることです。でも実際には、夜早く床につく子は少なくなっています。小学生の低学年では、八時には寝させたいものです。子どもの健康管理は、保護者の責任です。大人の都合で不規則な生活を送らせていると、集中力がなく、体力がない子どもになってしまいます。

朝、学校に来てあくびの連続の子にたずねると、

「昨日は、夜十時にお寿司屋さんに行ったよ」

「お客さんとゲームしていたよ」

「昨日は、家族でカラオケに行ったよ。面白かったよ。ぼくは寝ちゃったけどね」

家族で楽しい時を過ごすことはよいことですが、昼間元気な健康な子どもは、自然に夜は、眠くなるのです。きちんと床で休めるよう、大人がタイムスケジュールの管理をしましょう。例外なく、毎日規則正しく、早く寝る習慣をつけるべきです。

早く寝るということは、子育ての絶対条件なのです。

第34話

どんぐりの不思議

自然を守る気持ちを育てたいときは……

★★

秋になると茶色くて小さな実をよく見かけますね。コマにしたり、ヤジロベエのおもりにしたりして遊ぶこともできる実です。その実はなんですか？　それは、どんぐりの実です。どんぐりと呼ばれる実は二十種類以上あります。いろいろな形や大きさがあり、わたしたちの目を楽しませてくれます。

なぜ、どんぐりと呼ばれるようになったか知っていますか？

むかしの人は、どんぐりを食べて暮らしていました。でも、どんぐりはアクが強いのでそのままでは食べることはできません。まず、煮ることによってアクをとりました。さらに、水にさらしてアクをとりました。そして、どんぐりをすりつぶし、粉にして、団子をつくりました。むかしの人にとってどんぐりは、団子にして食べる大切な木の実でした。どんぐりは栗に似ているので、団子にして食べる栗の意味で、むかしの人は「団子栗」と呼んでいました。それがいつのまにか「どんぐり（団栗）」に変わり、いまにいたっているというわけです。

どんぐりの木と呼ばれているのは、クヌギ、ナラガシワ、コナラ、アラカシ、マテバシイ、スダジイ、ツブラジイなどの木です。

どんぐりの木が、わたしたちの目を楽しませてくれるだけでなく、みんなの生活にかかわりがあることを知っていますか？

どんぐりの木は根が深くひろがっているので、多くの水を貯《たくわ》えます。どんぐりの木がたくさんあるところは、年中水が枯れることはないといわれています。大雨がきても、どんぐりの木は倒れることはありません。大雨などで根こそぎ倒れる木というのは、まっすぐな根をもつスギやヒノキが多く、木が倒れたあとには土石流《どせきりゅう》が起こりやすくなります。どんぐりの木は、わたしたちの生活に欠かせない水を貯え、大雨による洪水を防いでくれる役目をしてくれています。

また、どんぐりの木は、不思議な力ももっているのです。「フィトンチッド」という言葉を聞いたことがありますか？「フィトンチッド」は、簡単に説明すると〝木の香り〟のことです。「フィトンチッド」は、病気の治療に利用されることもあります。木の香りを吸うだけで治療によい効果を与えることができるのです。森林のなかに入って木の香りを吸うことで、心も体も元気になります。それは、この「フィトンチッド」の働きのおかげです。

近くに森林がないという人もいるでしょう。そういうときは、頭のなかで森林浴をしていることを想像するだけでもたいへん効果があります。

どんぐりの木は、わたしたちの心と体に大事なかかわりがあるのですね。

どんぐりは、熟した実を地面に落とし、それが育って増えていきます。でも、それだけでなく、動物たちが、どんぐりの林をもっと遠くまで広げる手助けをしてくれています。シマリスやネズミなどは、冬に備えてどんぐりを地面に埋めて貯えます。このうち浅く埋められて、食べられなかったものから順に芽が出て育っていきます。つまり、動物たちは、知らず知らずのうちにどんぐりの林を広げる手助けをしているのです。

わたしたち人間のなかにも、「どんぐりの木を育てて緑をつくろう」という活動に取り組んでいる人もいます。

どんぐりの木は、野菜のようにすぐに芽が出てきません。秋、地面に埋まったどんぐりは、根だけが少し伸びた状態でいったん成長が止まり、冬を越します。そして、春になってからやっと芽が出てきます。どんぐりの木は、一年間で数十センチしか育ちません。どんぐりの実がなるまでにはたいへん時間がかかります。そうしてできたどんぐりの実は、鳥や小動物のえさになり、動物たちを元気にしてくれます。

わたしたちの身近にあるどんぐりには、いままで知らなかったすてきな秘密がたくさんありましたね。

◆一緒に林を歩き、自然に触れる機会をつくりましょう――向山

小さいころ、多くの人がどんぐりを拾い、コマやヤジロベエをつくって遊んだ思い出をもっていることでしょう。林のなかを親子で歩き、自然界の不思議な力について、お子さんと話し合うことは、とてもよいことです。

木の根が、たくさんの水を貯え、大地を守っていることを伝えましょう。木々から出される酸素の話、鳥や動物たちのすみかとなる森の話、一本の木が育つのに、長い長い時間がかかることも伝えましょう。空に向かってぐんぐん伸びていく木を見て、木の香りを吸い込み、自然の大きな力を感じ、自然を守る気持ちが育っていくことでしょう。

道徳の時間に「自然愛護」という徳目があります。自然に触れないで、自然愛護の心は育ちません。公徳心も同様です。小さいときに肌で感じさせることが大事です。

第35話

広場に置かれた大きな石

自分から進んで動くことを教えたいときは……

★

ある町でのお話です。

その町の町長さんは、自分の町の人たちが、親切で思いやりのある人になってほしいと願っていました。そして、あることを考えました。

町長さんは、夜中にこっそり、町の真ん中の広場に大きな石を運んできました。周りを見渡し、だれにも見られていないことを確かめると、広場のいちばん人通りの多い場所に石を転がしました。そして、帰っていきました。

次の日の朝、一人の人が先を急いでいて、うっかりその石にぶつかりそうになりました。

「おっと、危ない！　いったいだれだ？　こんな場所にこんな大きな石を置いたのは？　邪魔じゃないか」

その人はぷりぷり怒りながら行ってしまいました。

その日の昼は、子どもたちが追いかけっこをしていて、その石にぶつかりそうになりました。

「だれだよ、こんなところにでっかい石置いて！　危ないなあ」

そう言うと、子どもたちは石から少し離れた場所で、また遊びはじめました。

夕方は、買い物帰りの女の人が石の近くを通りました。

「まあ、何でしょう。この変な石。せっかくの広場なのに、邪魔っけねえ」

そう言うと、足早に家に帰っていきました。

夜は、酔っ払いが通り、うっかり石にぶつかってしまいました。

「痛いじゃないか！　だれだい、こんなところに石を転がして！　気をつけろい！」

そう言うと、酔っ払いはふらふらと歩いて行ってしまいました。

次の日も、その次の日も、いろいろな人がその石のそばを通りました。しかし、石をどけようとする人は、一人もいませんでした。

そうして一カ月がたちました。町長さんは、町の人々を広場に集めると言いました。

「みなさん、この広場には一カ月前から、この大きな石が置いてありました。みなさんは、この石をどう思いましたか？」

するとと、町の人々は口々に言いました。

「邪魔よねえ」

「危なくぶつかるところだったよ」

「俺なんか、ぶつかっちゃったよ」

「まったく、だれが転がしたんだ」

「だれか片づけてくれないかな」

一通り話が出たところで、町長さんは言いました。

「みなさん、じつはこの石を置いたのは、わたしです」

町長さんの言葉に、みんなびっくりしました。

「なんだって！」

「町でいちばん偉い人が、なんでそんなことをするんだ」

「邪魔じゃないか」

「ほんとうに、何を考えているの？」

町の人たちはみな、ぶーぶー文句を言いました。

町長さんは続けました。

「そうですね、たしかに邪魔な石でした。しかし、それなら、どうしてだれもこの石を片づけなかったのでしょう？　だれかがちょっとこの石をどけてくれれば、またもとの使いやすい広場にもどったというのに」

その言葉にみんなはしーんとなってしまいました。

「だれもどけなかったので、いま、わたしがこの石をどけます」

町長さんはその石を動かしました。すると、その石の下に袋が置いてありました。その袋のなかには、手紙とお金が入っていました。その手紙にはこのように書いてあったということです。

「石をどけてくれてありがとう。これは、みんなのために進んで石をどける仕事をしてくれた、あなたへのお礼です」

◆

みんなのために仕事ができるというのは、とても大切なことです。このお話のような場面に出くわしたとき、あなただったら石を片づけることができたでしょうか。

家のなかや、学校など、みなさんの身の周りにも、似たようなことはありませんか？　そんなとき、進んで仕事ができたら、すばらしいことですね。このお話のようにお礼にお金がもらえるとは限りませんが、周りの人があなたの働きにきっと喜んでくれることでしょう。

◆ささやかな感謝の言葉が、進んで働ける子を育てます――向山

町長さんは、邪魔で危険な石をだれかがきっとどけてくれると信じていたと思います。この町では、どけてくれる人はいなかったけれど、学校は案外、だれかが気がついて動いてくれます。

朝登校して、頼まれなくても、窓を開けて気持ちのいい空気と入れ換えてくれる子、机から落ちた消しゴムを拾って友だちに届ける子、掃除の時間にゴミ箱のゴミをいつの間にか捨ててきてくれる子、ほうきではいていると、さっとちりとりをとってきてくれる子、一日の生活を振り返ると、たくさんあります。

これら、進んで働くという教育は、家庭教育の反映です。ご家庭で、「朝は窓を開けてね」「ちょっとちりとりもってきてちょうだい」のあとに、「とっても助かったわ」と、ねぎらいの言葉をかけましょう。子どもは、その一言のためにほんとうによく動いてくれます。毎日の小さな声かけで、進んで働く子は育ちます。

第36話

本は心の栄養

本を読むのが好きになってほしいときは……

★★

「本」という漢字を知っていますか。

「木」の形を表した字の根っこの部分に印をつけた字で、〝ねもと〟という意味を表しているのです。なぜ目に見える枝や葉の部分ではなく、目には見えない根の部分に印をつけたのでしょうか。

ねもとは木を支える大切なところで、大きくなるのに大切な水や栄養を吸収するところです。多くの植物は枝を切り落としても、根だけ残っていればまたきれいな緑の葉を茂らせることができます。逆に根が枯れてしまえばそれで終わりになってしまいます。木の成長にとって根は欠かせない大切なものなのです。

大昔から人間は、「人の成長にとって大切なもの、心の成長の栄養になるものは書物である」と考えていたのでしょう。ですから、書物のことを「本」と書くようになったそうです。

あなたたちはどんな本が好きですか？

遠い国のお城に住んでいたお姫様や魔女の話。

かっぱや恐竜など、不思議な生き物が出てくる話。

学校や大きなお屋敷に出るこわいお化けの話。

頭の切れる探偵が難しい事件を解決していく話。

仲間と協力して冒険する話。

かわいい動物の話。

まだまだいろいろな本があることは知っていますね。

わたしたち人間が生きていくのに食べ物・飲み物は絶対に必要なものです。体にパワーを与え、生き生きと活動させてくれるエネルギーの源です。では、心に必要なものは何でしょう。あたたかい家族。いろいろな友だち。自分の好きなことをする時間。それらと並んで心にとって大切なもの、それが本なのです。

本を読むと遠い国々の様子を知ることができます。

不思議な世界に入り込んで主人公と一緒に冒険をすることもできます。

ドキドキはらはら、事件を解決するスリルを味わうことができます。

「それなら、テレビだって同じだよ」と言う人がいるかもしれませんね。ところが、テレビにはできない大切なことが「本」にはできるのです。

それは、頭のなかにある脳と関係しています。

テレビは映像がそのまま目に飛び込んできますね。あまり考えなくても次から次へと場面が変わっていきます。

本はどうでしょう。わたしたちは本の文字を読んで、それを映像のように自分の脳で考えています。だから、同じ本を読んでもあなたとわたしとではまったく違う場面を想像しているということがおきます。本を読むことで物事を考えるという、脳にとって大切な訓練をしていることになります。哲学者パスカルも「読書することから考える力がつく」と言っています。

本を読んで心に栄養を与え、いまよりもっとすてきな人になってほしいと思います。

（参考文献：『楽しい漢字教室』　ぎょうせい　石井勲）

◆読み聞かせは、子どもの心を豊かにはぐくみます――――向山

子どもを育てることで、大切なことが二つあります。ひとつは、夜は八時には寝かせること、そしてもうひとつは、読み聞かせです。

子どもは、何度も同じ本を読んでほしいとねだります。気に入った本をもってきて、毎日、同じ話をくり返し聞いては、同じところで喜びます。くすっと笑ったり、声を小さくあげたりし、そして、覚えてしまいます。耳から入った言葉が、頭のなかで映像のように動きだし、子どもを豊かにはぐくむのです。

小さいころから、読み聞かせを多くしてもらった子どもたちは、読書好きの傾向にあります。静かに、落ち着いて、話を聞く習慣も身につきます。

第37話

自転車の涙

三日坊主にさせないために……

★

すすむ君は、前から欲しくて欲しくてたまらなかった自転車をやっと買ってもらいました。

「危ないから」

「ウチにはお金がないから」

「買ってあげても大事に使わないだろう」

などなど、いろいろ言われて、なかなか買ってもらえなかった自転車です。手に入って、すすむ君はうれしくてうれしくてたまりませんでした。

すすむ君は、自転車に乗るにあたっては十分注意しました。もちろん、左側通行を守ります。踏切では一時停止。友だちにせがまれても、絶対に二人乗りはしません。すすむ君が危険のないよう、十分注意して自転車に乗っていたことを、おうちの人も知っていました。安全に自転車に乗る――という点に関しては、それほどおうちの人が心配するまでもなかったようです。

また、お父さん、お母さんの話しぶりから、けっして自分の家にたくさんお金があるわけではないことを、すすむ君も知っていました。二人の話を聞くともなしに聞いていると、「ふけいき」とか「リストラ」とかいった言葉が聞こえてきます。意味はよくわかりませんでしたが、あまり楽しい話ではなさそうです。ただ、お父さんが会社でたいへんみたい、お母さんもいろいろやりくりがたいへんみたいといったことは、すすむ君にも伝わっていました。すすむ君は、けっして安くない、いい自転車を買ってもらっていました。お父さんもお母さんも、すすむ君のために無理をしたのです。すすむ君は、自転車を買ってもらってから、「お菓子を買って」だの、「おもちゃを買って」だの、「マンガを買って」だの、やたらに言わなくなりました。すすむ君なりの気遣いでした。お父さん、お母さんも、すすむ君のそんなちょっぴりの変化に気づいて、うれしく思っていました。

そして、すすむ君は買ってもらったばかりの自転車をとても大事にしていました。毎日、自転車で遊びから帰ってくると、すすむ君は自転車のチェーンに油をさしました。あちこちの部品にもさしました。あちこちにはねたドロも、きれいにふき取りました。銀色の部分は、ぴかぴかに輝くまで磨きこみました。そして、雨が降っても大丈夫なように、カバーを被せて駐輪場にとめておきました。

ただ、それは買ってもらったばかりのうちだけでした。

自転車を買ってもらって、一カ月が過ぎるころ、すすむ君は自転車に油をささなくなりました。毎日ささなくたっていいと思ったからです。実際、油は週に一回させば十分です。でも、すすむ君が油をささなくなったわけは、「週に一回で十分だから」というよりは、「だんだん面倒になったから」でした。

二カ月が過ぎるころ、すすむ君はドロをふき取らなくなりました。これも、週に一回ふき取ればいいだろうということからです。でも、ほんとうはやっぱり、これも面倒くさくなってきたからでした。

三カ月が過ぎるころ、すすむ君は自転車を磨きこまなくなりました。使っていればだんだん新車のときの輝きは失われてきます。汚れているわけではないし、磨こうが磨くまいが、たいして変わらないと、すすむ君は思うようになりました。

週に一回はやっていた油さしやドロのふき取りが、二週間に一回になり、三週間に一回になり、自転車を買ってもらって半年が過ぎるころには、すすむ君はまったく自転車の手入れをしなくなってしまいました。カバーも被せられることなく、雨ざらしで駐輪場にとめてあります。自転車は汚れ放題。

そんなある日、お父さんがすすむ君に言いました。

「すすむ、このごろ自転車手入れしてやっているのかい？」

言われてすすむ君は、「しまった」と思いました。毎日乗っていますが、もう何週間も何の手入れもしていません。

「このあいだ、父さんがすすむの自転車を見たら、タイヤのあたりでキラッと何かが光ったんだ。よく見ると、スポークのあたりからしずくがたれていたんだよ」

「カバーを被せていなかったからね。雨で濡《ぬ》れたのかな。これからはちゃんと被せるよ」

お父さんの言葉に、すすむ君は言いました。

「そう、雨だったのかもね。でもね、すすむ。父さんには、自転車が泣いているように見えたんだよ。あれは、すすむの自転車の涙だったんじゃないかなあ」

お父さんの言葉に、すすむ君は急に自転車がかわいそうになりました。買ってもらったばかりのころは、あんなに大事にしていたのに——。自転車、ごめんよ。

すすむ君は次の日、キーキー音がするようになっていた自転車に久しぶりに油をさし、凝り固まっていたドロを雑巾で削り取るように落としてやりました。きれいになった自転車は、なんだかうれしそうにしているように見えました。今度は、ずっとそうできるといいよね、すすむ君。

◆子どもの心に届く言葉をかけましょう――向山

三日坊主という言葉があります。はじめははりきっていても、その気持ちをもちつづけることは、とても難しいことです。

このお話のすすむ君は、とてもやさしい、いい子です。それでも、やっと買ってもらった自転車を、毎日手入れすることは難しかったのです。お父さんは、それを見て、怒るのではなく、「自転車が泣いている」と諭したのです。お父さんの残念な気持ちが伝わってきます。このお話からは、子どもを諭すときの親のあり方も見えてきます。すすむ君の素直な気持ちがさわやかです。子どもの心に届く、上手な言葉のかけ方はあるものです。

日常によくあるこうした親子の会話から、子どもは学び育つのです。

第38話

命令に従わなかった渡し守

自分の意見を言える子どもに育てたいときは……

★★

正しいことを「正しい」と言えることは、とても大切なことです。たとえ偉い人相手であっても。ときには、それが命にかかわることもあるのですから。

◇

昔々、ある川に、とても腕のいい渡し守がいました。渡し守というのは、船をこいでお客さんを川の向こう岸に運ぶ仕事をする人のことです。昔は橋のない川がたくさんありましたから、あちこちの川で渡し守の仕事をする人がいました。

さて、その腕のいい渡し守は、船のこぎ方が上手なのもさることながら、天気の変化をぴたりと予測することができました。川の真ん中で突然雨が降りだしたり、強い風が吹きだしたりしたらたいへんです。昔の船には屋根などありませんから。また、嵐にでもなったりしたら、船は沈んでしまいます。渡し守というのは、いつも天気を気にしていなければばならない仕事でした。

ある日、その渡し守のところに、偉い殿様がお供を連れてやってきました。殿様は急ぎの用事でとなりの国へ行くところで、早くその川を渡りたいと考えていました。

「急ぎの用じゃ。できるだけ早く向こう岸へ渡してくれ」

殿様はそう言うと、お供の者と船に乗り込みました。

「いつものように仕事をするだけでさあ」

渡し守は船をこぎはじめました。

三分の一ほど来たところで、渡し守は言いました。

「これから天気が悪くなります。いまから元の岸へ引き返しますぜ」

渡し守は船を逆方向に向けようとしました。

殿様はあわてて言いました。

「何を言う。こんなによい天気ではないか！　ばかなことを申すな」

たしかに殿様の言うとおり、空はとてもよく晴れており、風も吹いていません。とてもこれから天気が悪くなるようには見えませんでした。

「いいや、これから大風が吹いて嵐になります。このまま行くのは死にに行くようなもんでさあ」

渡し守は譲りません。

「わしは急いでいるのじゃ。できるだけ早くとなりの国へ行かねばならん。わしが保証する。船をこのまま進めよ！」

殿様は強く言いました。

「このまま行ったらとなりの国どころか、あの世へ行ってしまいまさあ。もどりやす！」

渡し守も頑として殿様の言うことを聞き入れず、船を逆方向へこぎはじめました。

「貴様ぁ！　このわしの言うことが聞けぬと申すのか！　わしは殿様であるぞ！　もしこのまま天気がいいままであったら、おまえをただでは済まさんぞ！」

「よござんす。そのときは、首でもなんでもはねてくだせえ」

渡し守はそう言って船をこぎつづけました。

やがて船は元の岸に着きました。

「見よ、よい天気のままであったではないか。覚悟はできておろうな」

船をおりながら殿様は言いました。

ところがどうでしょう。全員が船をおりるかおりないかのうちに、空が急に暗くなってきたのです。風も強くなってきました。

「間に合ってよかった。嵐になります。早く雨の当たらない場所に行ったほうがいい」

渡し守は手早く船を杭《くい》につなぎながら言いました。たちまち激しい雨が降ってきました。

川の流れはあっという間に激しくなり、つないだ船も上下に揺られています。

もし、途中で引き返さずに船を進めていたら、船はひっくり返り、全員この激しい川の流れに飲み込まれて命を落としていたことでしょう。この様子を見た殿様は、自分自身の態度をひどく恥ずかしく思ったということです。

◆豊かな経験が「自分で決める力」を育てます——向山

プロの知識や技術というものは、おどろくほどです。もちろん、どんなに偉い人も、地位の高い人も、かないません。

このお話の渡し守は、「人の命を守る」という強い信念をもって働いています。一歩も譲らぬ自信は、長いあいだの経験に裏づけされているのです。

ちょっと頑張ってつく自信とは違います。子どもたちに、「自信」をもたせたいという願いも同様です。一回や二回ほめて身につくものではありません。「丁寧な字が書けているね」「元気のいいあいさつね」「お片づけがじょうずね」。大人の一言一言が、子どもに根づくのです。

権力に動じない子ども、他の子どもの言いなりにならない子どもを育てることも、一日や二日ではできません。小さな自信を積み重ねたとき、判断力がつき、周りに左右されない意志決定ができる力となるのです。

第39話

小さなハチの大きな力

ほんとうの強さを教えたいときに……

★

裕太君は、裏の畑でとうもろこしを育てていました。毎日草を取りにいったり、水をやりにいったり、一生懸命世話をしました。

ある日、畑に行くと大きな牛が裕太君の畑にいました。そしてなんと、裕太君が大切に育てたとうもろこしを食べているではありませんか。

裕太君は、牛にお願いしました。

「牛さん、ここはぼくの畑です。お願いだから違うところに行って下さい」

でも、牛は知らん顔をしてとうもろこしを食べています。裕太君は困ってしまいました。

そこに、ニワトリがやってきました。

「裕太さん、お困りならば、わたしが追い払ってあげましょう」

ニワトリは大きな鳴き声で、

「コッコッコッコッコケコッコー、コッコはあなたの畑じゃない、すぐに出ていきなさい」

と、言いました。でも、牛は知らん顔。それどころか、大きな体をゆすってニワトリのほうを追い出してしまいました。

裕太君が困っていると、犬がやってきました。

「裕太さん、お困りならば、わたしが追い払ってあげましょう」

そう言うと、

「ワンワンワンワン、ワワンワン、ここにいていけないと思ワンのか、出ていけ！」

と、思いっきりほえました。しかし、牛には全然聞こえません。それどころか、大きな体を寄せていって犬も追い出してしまいました。

裕太君が困っていると、山から熊《くま》がやってきました。

「裕太さん、お困りならば、わたしが追い払ってあげましょう」

裕太君は、喜びました。

「やったー、これならうまくいく。こんな大きな熊さんだもの」

熊は、低い声でうなりました。

「ウウウ、ウァオー。クマったやつだ、人の畑に入っておいて、大きな顔をするとは許さないぞ。さあ、出て行くんだ」

熊が立ち上がると、大きな壁のようです。いくらなんでも、これでは牛もびっくりして逃げ出すだろうと思われました。

ところが、それでも、牛は平気な顔。自分の体で体当たり、熊を畑の向こうまで突き飛ばしてしまいました。

裕太君は、しょんぼり肩を落としてこういいました。

「あぁーあ、これではぼくのとうもろこしはだめになっちゃうよ」

裕太君が、畑のすみに腰を下ろして困っていると、どこからともなくブンブンハチがやってきました。

「裕太さん、お困りならば、わたしが追い払ってあげましょう」

「ハチさんありがとう。でも、ニワトリさんにも犬さんにも、あの大きな熊さんにもできなかったことなんだ。君には無理だよ。けがをしてしまうといけないから、もういいよ」

と、あきらめた声で言いました。

それを聞くとハチは、黙って牛のまわりを飛びはじめました。ブーンブーン。牛はうるさそうに見ています。あんまりうるさいので、追い払おうとしましたが、ハチが小さいのでなかなかうまくいきません。

そのうち、ハチは牛の後ろに回って、おしりにチクリ。牛のおしりを刺しました。ハチに刺された牛は、痛くて痛くてたまりません。後ろ足をはね跳ばしながら、跳んでいってしまいました。

遠くに跳んでいく牛を見ながら、裕太君は、ハチにお礼を言いました。

◆

小さな、小さなハチが、ニワトリにも犬にも大きな熊にさえできなかったことをやったのです。すごいですね。このように、小さなハチでも、だれにも負けない力をもっているのです。それは、どんな状況でもやってみようとする勇気と、自分にしかできないことを見つける知恵かもしれませんね。だれでもみんな、このハチのように、みかけで判断できないすばらしい力をもっているのです。

◆小さなものにも大きな力があることを教えましょう――――向山

このお話を読み終わると、思わず拍手をしたくなります。小さなものが大きなものを倒す、弱くて絶対に勝てないと思っていたものが、強いものに勝つ。いずれも痛快です。次々に出てくる動物たちの楽しいこと、読みながら、「今度の動物は、どうなるかな?」と予想させて読みすすめるとよいでしょう。お話の先を予想させることは、理解力を育てます。状況を把握しなければ、予想が立てられないからです。何度も何度も同じお話を子どもたちは聞きたがります。読み聞かせて本がボロボロになるころ、伝えたいこと、「小さなハチにも大きな力がある」ということがわかってくるのです。

地図を広げ、小さな日本という国が、世界の大きな国にも負けない物づくりの技術、経済力、文化をもっていることを付け加えましょう。小さな日本を誇れる子どもに育ってほしいと考えます。

第40話

こころのスイッチ

友だちを助けてあげられる子に育てたいときは……

★★★

人（ヒト）だけがもっているすばらしい力、それは何だと思いますか。

ヒトとチンパンジーは、五百万年前、共通の祖先から分かれて進化したと考えられています。ヒトの遺伝子の数は約三万二千個です。ヒトゲノムといわれる「人間の生命活動の設計図」の解読の結果、ヒトとチンパンジーの遺伝情報は、約一・二三％しか違わないということがわかってきました。

ということは、遺伝情報の約九九％は一緒です。でも、ヒトとチンパンジーは、いまの様子や生活が全然違います。「あるもの」を人間はもっていたので、チンパンジーとのあいだに差が出てきたのです。これが、ヒトだけがもっているすばらしい力です。

いま、そうした人間だけがもっているすばらしい力である「智の遺伝子」を見つけようという研究が進められているのです。

さて、みなさんは、ヒトがヒトであるための「智の遺伝子」とは、なんだと思いますか。みなさんはその力をちゃんと使っているでしょうか。毎日の生活のなかでの「智の遺伝子」をさがして、ある小学校を覗《のぞ》いてみましょう。

休み時間です。お友だちとドッジボールをしています。得意な子も苦手な子も、仲よく遊んでいます。その子たちはちゃんと「智の遺伝子」を使っていますね。

得意な子だけで遊ぶのであれば、それはお友だちとはいえません。「ドッジボールをする子」です。当たったり、当てられたりして、ゲームや作戦を考えるのがお友だちです。強く投げられない子がいたら、投げ方を教えてあげると当てることができるかもしれません。足の方向を教えてあげると、当てられるかもしれません。そんなふうに教え合ってできるようになっていくのです。休み時間が楽しくなるのです。友だちを助けてあげられるというやさしい「智の遺伝子」です。

掃除の時間です。廊下掃除をしています。廊下は教室掃除より場所が狭いので、早く終わりました。一人の子は「あー終わった」、もう一人の子は「窓も拭《ふ》こう」です。どちらのほうが「智の遺伝子」を使っていると思いますか。もちろん「窓も拭こう」ですね。みんなが使うところがきれいだと気持ちがいいです。だれが掃除するかは決まっていません。

そういうときに、自分から進んで行動できることはすばらしいです。みんなのために考える「智の遺伝子」です。

勉強の時間です。一生懸命勉強しています。勉強すればするほど、次にやりたいことが浮かんできます。もっと知りたいという気持ちが大きくなります。わかるって楽しいな、今度はどんなことが発見できるかな、と思いながら勉強しています。先生や友だちの話をしっかり聞くことができます。それは、知りたいという気持ちが強いからです。「智の遺伝子」をたっぷり使っていますね。

「智の遺伝子」はどんなものでしたか。いつでも使える力です。そして、すばらしい力です。みなさんの気持ちしだいです。それを使うときに必要なもの、それは何でしょう。

それは、みんなの気持ちしだい、つまり、みんながもっている「心」です。相手のことを考え、行動するという心です。休み時間も掃除の時間も勉強のときにも、「智の遺伝子」を使うには、いつでも心が必要です。人は、「智の遺伝子」を使うための心をもつことができたために、いまのような生活を送れるようになったのです。その心が体中にしみわたり、人間の細胞ひとつひとつが働いた結果、いまの人間ができたのです。

みなさんのお父さん、お母さん、おじいさん、おばあさん、そのずっと前から、「心」

を受け継いできたのです。そうしてみなさんがいまここにいるのです。五百万年前からです。すごいことですね。

みなさん、この大切な心をたくさん使いましょう。人にしかできないことなのです。人が人であるといわれる証《あかし》です。たくさん使えば使うほど、心を大きくします。心がどんどん大きくなって、ほんとうに心が大きい人になれるといいですね。

◆心を豊かに育てるには、心をいっぱい使わせることが大切です――向山

遺伝子の研究が進み、人間について、さまざまなことが解明されてきたことは周知のとおりです。人間の祖先から受け継がれてきたすばらしい力を子どもたちにも話して聞かせたいものです。人だけがもっている「智の遺伝子」が「心」だということは、きっと子どもたちにはわかることでしょう。

教室では、さまざまな子どもたちの「智の遺伝子」を発見することができます。給食のおかわりをするために、男の子と女の子が同時にスープのところに駆け寄りました。わたしがそっと見ていますと、男の子が、女の子におたまを渡し、「先に入れていいよ」と言いました。女の子は「ありがとう」と言って、スープを食器に入れようとしました。その

ときです。男の子は、残り少ないスープを入れやすいように、入れ物を傾けてあげたのです。女の子は自分の食器にスープを入れてうれしそうです。今度は、男の子のおかわりです。女の子は、自分の席に戻らず、男の子が入れやすいように、スープの入れ物を男の子がしてくれたのと同じように、傾けました。

どのようにしたら、こんなすてきな子どもたちが育つだろうかと思います。親御さんの「智の遺伝子」が二人にしっかり受け継がれているのです。日常の家庭における小さな場面での親の姿を子どもたちは目にし、「智の遺伝子」のスイッチがONに入るのでしょう。

おわりに

わたしは、教師になりたくてなりたくて、念願叶い教師になりました。これまでたくさんの子どもたちと出会ってきました。

子どもたちとの生活で、はっとさせられることがたくさんあります。掃除の時間、ほうきではいていると、さっとちりとりをもってくる子、図工の時間、クレヨンで汚れた友だちの机をぞうきんで拭いている子……一瞬のキラッとした子どもたちのしぐさに驚きます。子どもたちのひとつひとつの行為が、毎日の生活のなかで養われた力なのだと感じます。

子どもたちは、周りのすべてのことから学びます。知的なことが大好きです。わたしたち教師も、教室で読み聞かせをすることがよくあります。教室はシーンとなり、お話をする声が教室を包みます。子どもたちは読み聞かせにたいへん興味を示します。子どもの知的好奇心を大切に育てたいものです。

読み聞かせが、親子の絆を深めるのにとてもよいことも、だれもが知っています。読み聞かせをすると、幼い子どもは毎日、お気に入りの本を本棚からとってきて、読んでほしいとねだります。同じ本をボロボロになるまで、何十回もくり返し読んで聞かせることは、めずらしいことではありません。そのうち、子どもはお話を覚えてしまいます。

じっと耳を傾け聞く力や、聞いて場面を想像する力、語彙力《ごいりょく》など、読み聞かせによってさまざまな力が養われます。そして同時に、親の心が子どもに伝わるのです。本書は、親の願いが子どもに届くような、読み聞かせのためのお話を集めました。毎日たくさんの子どもと接するなかでの、わたしたちの願いでもあります。

わたしは、監修者である向山洋一氏が代表を務める教育研究団体ＴＯＳＳ（Teacher's Organization of Skill Sharing）で学んでいます。また、毎月一回、自宅で小さな教師の勉強会を開いています。サークルの名前をブルーライトといいます。本書はサークルの仲間たちと、たくさんの情報のなかから選んで書き上げた、読み聞かせのための本です。執筆にあたって、わたしたち自身多くのことを学びました。ＰＨＰの櫻井済徳氏には、丁寧にご指導いただきました。このような機会を与えて下さった多くの方々に感謝いたします。

二〇〇三年四月

ＴＯＳＳ中央事務局・サークルブルーライト代表　師尾　喜代子

〈監修者略歴〉
向山　洋一（むこうやま・よういち）
1943年東京都生まれ。東京学芸大学社会科卒業。現在、千葉大学非常勤講師。ＮＨＫ「クイズ面白ゼミナール」教科書問題作成委員に任じられるなど幅広い活動を行っている。教育技術法則化運動（ＴＯＳＳ）代表、全国都市づくり教育研究会座長、日本言語技術教育学会会長代理、日本教育技術学会常任理事等も務める。月刊『教室ツーウェイ』（明治図書）編集長、『教育トークライン』『ジュニア・ボランティア教育』誌（いずれも東京教育技術研究所）編集代表。著書に、『授業の腕を上げる法則』『いじめの構造を破壊せよ』（以上、明治図書）、『学級崩壊からの生還』（扶桑社）、『向山式「勉強のコツ」がよくわかる本』（ＰＨＰ研究所）ほか多数。

〈編者略歴〉
師尾　喜代子（もろお・きよこ）
静岡県生まれ。青山学院大学卒業。現在、東京都大田区立田園調布小学校勤務。ＴＯＳＳ中央事務局、『ジュニア・ボランティア教育』誌（東京教育技術研究所）副編集長。著書に、『全学年漢字まとめくん』『集団を統率するには法則がある』『法則化女教師・実践で勝負する仕事術』（全５巻編著）、『教室がシーンとなる“とっておきの話”100選』（全３巻編）（以上、明治図書）、『苦手な「作文」がミルミルうまくなる本』『小学校の「漢字」を５時間で攻略する本』（以上、ＰＨＰ研究所「勉強のコツ」シリーズ）ほか多数。

〈執筆者（ＴＯＳＳ　サークルブルーライト）〉
師尾喜代子　大田区立田園調布小学校
本間　明　横浜市立山下小学校
島　まゆみ　横浜市立保土ヶ谷小学校
芝田千鶴子　横浜市立平戸小学校
田中由美子　横浜市立本牧南小学校
中濱　麻美　横浜市立本宿小学校
山本　純　横浜市立北綱島小学校
佐々木　静　横浜市立若葉台西小学校
前田あかね　横浜市立左近山第二小学校
中村　有希　藤沢市立大鋸小学校
福嶋　隆史　横浜市立日吉南小学校
池田　千早　横浜市立みたけ台中学校

学校の先生がそっと教える
子どもがじっと耳を傾ける魔法のおはなし

2003年6月6日　第1版第1刷発行
2011年3月3日　第1版第33刷発行

監修者　向山洋一
編者　師尾喜代子
発行者　安藤卓
発行所　株式会社PHP研究所
東京本部　〒102-8331　東京都千代田区一番町21
生活文化出版部　☎03-3239-6227
普及一部　☎03-3239-6233
京都本部　〒601-8411　京都市南区西九条北ノ内町11
PHP INTERFACE　http://www.php.co.jp/

DTP　株式会社編集社
印刷所　凸版印刷株式会社
製本所　株式会社大進堂

ISBN4-569-62779-X